"中国劳模"系列丛书

U0589072

守卫财产安全的北疆劲松
智呼声

杨婧艺◎著

 吉林出版集团股份有限公司
全国百佳图书出版单位

图书在版编目（CIP）数据

　　守卫财产安全的北疆劲松：智呼声 / 杨婧艺著.
长春：吉林出版集团股份有限公司，2025.3. --（"中
国劳模"系列丛书 / 徐强主编). -- ISBN 978-7-5731
-6291-5

　　Ⅰ. K828.9

　　中国国家版本馆CIP数据核字第202548XC95号

SHOUWEI CAICHAN ANQUAN DE BEIJIANG JINGSONG：ZHI HUSHENG

守卫财产安全的北疆劲松：智呼声

出 版 人　于　强
主　　编　徐　强
著　　者　杨婧艺
组稿统筹　东北师范大学文学院创意写作研究中心
责任编辑　李　鑫
装帧设计　崔成威

出　　版　吉林出版集团股份有限公司
发　　行　吉林出版集团社科图书有限公司
地　　址　吉林省长春市南关区福祉大路5788号　邮编：130118
印　　刷　唐山富达印务有限公司
电　　话　0431-81629711（总编办）
抖 音 号　吉林出版集团社科图书有限公司　37009026326

开　　本　710 mm×1000 mm　1 / 16
印　　张　8
字　　数　90 千字
版　　次　2025 年 3 月第 1 版
印　　次　2025 年 3 月第 1 次印刷

书　　号　ISBN 978-7-5731-6291-5
定　　价　45.00 元

如有印装质量问题，请与市场营销中心联系调换。0431-81629729

序　言

　　劳动创造财富，劳动创造幸福，劳动创造未来。习近平总书记在 2020 年全国劳动模范和先进工作者表彰大会上的讲话中指出："全社会要崇尚劳动、见贤思齐，加大对劳动模范和先进工作者的宣传力度，讲好劳模故事、讲好劳动故事、讲好工匠故事，弘扬劳动最光荣、劳动最崇高、劳动最伟大、劳动最美丽的社会风尚。"当今世界，综合国力的竞争归根到底是科技人才和高素质劳动者的竞争。改革开放以来，我们强大的工人队伍用辛勤劳动和拼搏奉献推动中国制造、中国智造、中国创造走向世界的前列，新时代的中国面貌日新月异。大力弘扬劳模精神、劳动精神、工匠精神，加强高素质技能人才队伍建设，打造一支宏大的知识型、技能型、创新型劳动者队伍是伟大时代赋予我们的历史责任。

　　劳动模范是民族的精英、人民的楷模，是共和国的功臣。自改革开放以来，广大职工勇立改革潮头，独立自主，奋发图强，勇于创新，其中涌现出一批批全国劳模和大国工匠，他们参与建设了代表中国高度、中国速度、中国深度的一系列重大工程，提升了国家实力，打造了"中国名片"，树立了"中国品牌"，增添了"中国力量"，充分释放出工人阶级的创新活力，展示出大国工匠强大的创造能力。他们以工人阶级的满腔热忱在各自平凡的工作岗位上创造了辉煌的业绩，书写了新时代的壮丽篇章。

爱岗敬业、争创一流、艰苦奋斗、勇于创新、淡泊名利、甘于奉献的劳模精神，崇尚劳动、热爱劳动、辛勤劳动、诚实劳动的劳动精神和执着专注、精益求精、一丝不苟、追求卓越的工匠精神，是广大劳动群众在社会生产实践中锤炼形成的弥足珍贵的精神财富，是工人阶级伟大品格的具体体现，是民族精神和时代精神的生动体现。民族复兴需要劳动模范，祖国强盛需要大国工匠，中国制造、中国智造、中国创造更需要大国工匠的强有力支撑。劳模、工匠等的成长故事、先进事迹中承载的劳模精神、劳动精神和工匠精神，是激励全国各族人民团结奋斗、勇往直前的强大精神力量。

"中国劳模"系列丛书，采用图文结合的方式，讲述全国劳模、大国工匠和先进工作者的成长经历及他们追梦、筑梦、圆梦的故事，用他们在平凡岗位上创造不平凡业绩的真实故事感染读者，形成劳动最光荣、劳动最崇高、劳动最伟大、劳动最美丽的社会风尚，引导广大技术工人和青少年形成劳动光荣、技能宝贵、创造伟大的观念。

　　"匠心筑梦，强国有我。"新时代是一个万象更新、生机勃勃的时代，也是一个继往开来、创新创业和建功立业的大时代。希望广大读者能以劳动模范为榜样，以大国工匠为楷模，立志技能报国、技术强国，踔厉奋发，勇毅前行，锤炼思想品格，汲取劳动智慧，勇于担当、勤于钻研、甘于奉献，为推进新型工业化和乡村振兴，为加快建设制造强国、质量强国、航天强国、交通强国、网络强国、数字中国、农业强国，全面建设社会主义现代化国家贡献青春力量。

中华全国总工会副主席（兼）

中国航天科技集团有限公司第一研究院

211 厂 14 车间高凤林班组组长

2022 年 11 月

扫码解锁

◎群英颂歌 ◎敬业奉献
◎守护财安 ◎奋斗底色

传主简介

　　智呼声，出生于1954年11月，内蒙古自治区呼和浩特市人，原内蒙古农业银行呼和浩特分行保卫部经理兼现金中心主任。自工作以来，智呼声先后获得全国农村金融系统先进工作者、全国金融系统劳动模范、全国民族团结进步模范、自治区十佳职工标兵、全区民族团结进步先进个人、全国金融系统优秀共产党员、全国农村金融系统优秀共产党员、2021年"北疆楷模"等荣誉称号和奖项90余个，其中省部级荣誉称号41个，并于1995年、2000年、2005年、2010年连续四次被评为全国劳动模范，是新中国成立以来最具影响力的劳动范模之一。

　　智呼声的祖父母均参加过革命，他的父母是内蒙古自治区早期的金融行业从业者。作为家中长子，智呼声带着家人"发正义呼声"的期待出生。然而，他无忧无虑的童年终结在他13岁那年。突逢家庭剧变的智呼声用稚嫩的肩膀扛起照顾年幼的弟弟妹妹的重任，并在艰苦的环境中坚持求学。高中毕业后，他短暂地做过工人，随后入伍参军，后又为照顾家庭而离开他热爱的军营，转业到农业银行。此后，他为内蒙古的金融事业奉献自己的一生。

　　智呼声的身上有一股刨根问底的干劲，把手头的所有事情都做到最好似乎已经成为他的本能——他注定要干一行、爱一行、成一行，也注定要成为那块"哪里需要哪里搬"的万能砖。多年的辛勤劳动为智呼声赢得不少荣誉，但为此，他对家人满是歉疚。退休后，在与病魔进行殊死搏斗后，智呼声一边享受生活、陪伴家人，一边发挥余热，继续回馈社会。他是一位真正的智者。

目　录

第一章　期待中出生

扫码解锁

◉群英颂歌 ◉敬业奉献
◉守护财安 ◉奋斗底色

耳濡目染

　　午后的阳光透过窗户照进房间，又从虚掩的门缝里溜出来，在地上映出一个三角形。在这块金黄色的三角形背后，一个五六岁的男孩正全神贯注地竖起耳朵，企图捕捉房间里传来的神秘声音。他只听得到里面一会儿安静，一会儿蹦出些"现金""出纳""报告"之类他听不大懂的词语。他还没琢磨明白，就听到一阵哈哈大笑。安静过后，依然是大人世界里的密语。男孩正觉无趣，打算转身逃跑，却被里面的人叫住了。

　　"呼声，你在这儿干什么？"父亲笑盈盈地问。

　　"等爸爸一起去掏鸟窝。"年幼的智呼声将一根树枝举到鼻子前。

　　"好好好，今天一定陪你，等爸爸和叔叔阿姨谈完工作就去。"

　　"工作……我也想工作，什么是工作呀？"

　　"等你长大就明白啦！呼声长大想在哪里工作呀？"

　　"我长大也要像爸爸妈妈一样，在银行工作！"

　　"为什么？"

　　"每天都能数钱！"

"哈哈哈哈……"

智呼声在众人的欢笑声中蹦蹦跳跳地钻进阳光里，只留下笑得前仰后合的众人。这样的场景，他早已习以为常。印象中，父母总是很忙，星期天叫叔叔阿姨来家里"上班"也是常事，但智呼声并不恼，因为只要父亲答应他的事，就一定会做到，父亲说这叫"守信用"。而且，每次叔叔阿姨来家里，母亲就会炒两个菜、烙几张饼，或者下点面条，做些好吃的来招待客人，智呼声也能跟着享享口福。

智呼声似乎从小就对"信用""乐于助人"这些词有亲切感，也许是因为他从出生起，就注定要度过奉献的一生吧。

1954 年冬天，在呼和浩特市的纷纷白雪中，智家传来一阵响亮的啼哭声——这小婴儿能哭能闹，嗓门大，好像要用一声声"哇哇"，向全世界宣告自己的到来。

"就叫他呼声吧！"

"这个好！希望他长大后，能发出正义的呼声！"

"呼声，智呼声，正义的呼声……"

1947 年，内蒙古自治区成立，揭开了内蒙古地区发展的历史新篇章。自治区政府在原东蒙银行的基础上建立内蒙古银行。1948 年 6 月，内蒙古银行改组为内蒙古人民银行。1951 年 3 月，内蒙古人民银行改组为中国人民银行内蒙古自治区分行，成为中国人民银行的分支机构，为社会主义经济建设奠定坚实的基础。

智呼声的父母正是 1947 年内蒙古金融行业组建时的头一批奠

基人，他们为内蒙古的金融事业奉献了一生的心血。从记事时起，小呼声看着父母进进出出的时候多，感受父母怀抱的时候少。好在智呼声有爷爷奶奶陪着，爷爷又很爱讲故事，所以智呼声的童年也并不算寂寞。他喜欢听爷爷奶奶讲他们参加革命的故事，尤其喜欢听英雄故事。在爷爷的讲述中，小呼声有了两个好朋友——王二小和刘胡兰。

⊙ 幼年时期的智呼声

　　智呼声就这样沐浴着金色的阳光，在烙饼和炒菜的香气里，一边跟王二小一起放牛，一边为刘胡兰的故事落泪，一天天长到该上学的年纪。

初次相遇

　　1961 年，带着父母"好好学习，将来做个对社会有用的人"的嘱咐，七岁的智呼声走进小学校园。什么是"对社会有用的人"

呢？对此，智呼声懵懵懂懂。不过这样深奥、宏大的问题，在一个七岁孩子的脑袋里是持续不了多久的。很快，智呼声就适应了小学的生活，就像他出生时响亮的啼哭一样，展示出一个精力旺盛的男孩天生的活泼与淘气。

智呼声所在的年级有 4 个班，每个班有 45 人，开设的课程除了语文、数学、音乐、美术、体育，还有劳动课，而他最喜欢的就是劳动课。从学校往南走，不到半小时就是一片菜地，这也是劳动课的课堂，菜地里的虫子则是天然的教具。

每次劳动课前，智呼声都会在前一天晚上将自己的"武器"细细打磨——一根前端削得尖尖的、筷子般长的小棍子，那是他的"矛"。菜地就是他"狩猎"的战场。不论是猎人还是战士，战斗前总是要"临阵磨枪"的，智呼声也像个小战士一样专心地削着自己的"矛"。智呼声的奶奶用牛皮纸和橡皮筋做了一个口袋，智呼声就把自己捕获的虫子装进这个口袋里。除了牛皮纸口袋，智呼声还尝试过用洗净的罐头瓶子装虫子，但发现它没有牛皮纸口袋好用。牛皮纸口袋随时都能撑开把虫子放进去，用完一扔就行，而罐头瓶子的铁皮盖子有时很难拧开，还要把瓶子倒过来，在瓶底一阵猛拍才能拧开。就这么一会儿的工夫，别人都能多捡好几条虫子了。回学校以后，老师要清点虫子的数量，然后表扬捡得多的同学。智呼声不甘落后，因此他更倾向于用牛皮纸口袋，以节省拧盖子的时间。在智呼声童年时期的记忆里，有不少菜地的身影，除了抓虫子，还有锄草、送肥料等活动。精力旺盛又好玩闹的孩子丝毫不觉得在菜地里劳动辛苦，他们随时都能把菜地变成竞技场，锄草要比谁锄得快，送肥料要比谁拿得多。菜地上的劳动课，甚至比操场上的体育课还让孩子们兴奋和期待。智呼声虽出生在城市，但对泥土有一种天然的亲近感。

也许是与劳动的初次相遇过于愉快，智呼声小小年纪就爱上劳动。他喜欢欣赏自己的劳动成果，也喜欢看别人在享受他的劳动成果时露出喜悦而赞叹的笑容。读书期间，他常常是第一个到教室的，尤其是冬天的时候。那时候教室里没有暖气，取暖全靠生火炉子。教室冷清了一晚上，早上推开门，迎面就是一股寒气。智呼声早早地来到教室，把教室里的两个炉子都生起火来，又给两个铁壶灌满水，放在炉子上。做完这些后，他一边把手伸到炉子旁边烤火，一边抬头查看还有什么地方没打扫干净——大到地上的纸片，小到粉笔槽里的粉笔灰，他都一一放在心上。当同学们陆陆续续推开教室门的时候，他们先是看一眼，发现教室干净得冷清，紧接着又被一股暖烘烘的热气包围，于是赶紧关上门进来。

晚上放学后，智呼声又是最后一个离开教室的，他把教室打扫得干干净净，把桌椅摆放得整整齐齐，站在讲台上往下看一眼，再心满意足地离开。每当快到放学的时间，奶奶的注意力就飘到外面，开始仔细算着自家孙子还有多久回家。奶奶目送一波又一波的学生，还是等不到智呼声，正着急的时候，智呼声背着书包蹦蹦跳跳地出现在小路尽头。奶奶松了一口气，看着孙子一副乐呵呵的神情，也不再问什么，就带着他回去了。如此往复，终于有一天，奶奶忍不住向他询问晚归的原因。

"我碰见你好几个同学了，你怎么没跟他们一起走？"

"他们放学就走，我要把教室卫生打扫完再走。"

"是不是你调皮捣蛋，所以老师罚你值日啦？"

"才不是呢，我都评上优秀少先队员了，我才不捣蛋！"

"那是为什么？"

"我看着教室干干净净的，我高兴！"

"真是个傻小子。"

奶奶笑着敲了一下智呼声的小脑袋，祖孙俩说说笑笑地回家了。

智呼声不仅在学校勤快，在家里也不闲着，一会儿要帮忙端盘子，一会儿又要扫地。奶奶看他忙个不停，就让他别折腾了，歇一歇准备吃饭。智呼声哪儿坐得住，他这儿走走，那儿看看，连一个摆歪的相框也要过去扶正，恨不得把刚会走路的弟弟妹妹也拉起来一起帮忙干活儿。

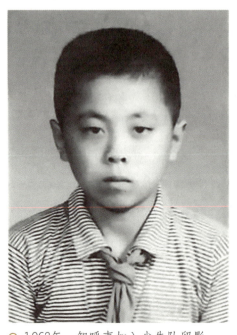

⊙ 1962年，智呼声加入少先队留影

助人为乐

　　智呼声风风火火地过着他的小学生活，他脑海里偶尔也会闪过刚上学时父母对自己的嘱咐："好好学习，将来做个对社会有用的人。"什么是"有用的人"？他现在还是不太懂，但每次看到同学们坐在他打扫得一尘不染的教室里上课，看到冻得缩着脖子的同学一进门就直奔火炉旁取暖，他就能隐隐约约感到自己似乎离这个问题的答案又近了一点儿。很快，另一位朋友——雷锋的出现，让智呼声对这个问题有了新的认识。

　　智呼声这一代人出生的年代可谓英雄辈出，所以他们可以说是听着英雄的故事长大的。智呼声小时候听爷爷讲刘胡兰、王二小的故事，上学后又听老师讲雷锋的事迹。智呼声是个同理心极强的孩子，不懂事的时候尚且为刘胡兰、王二小的故事流泪，懂事后再听到雷锋的故事，更是感同身受。他听到雷锋从小就失去父母和其他亲人，在地主家做长工时，不仅吃不饱还穿不暖，过着牛马不如的日子，听到雷锋被狠心的地主婆刁难，用柴刀在手背上连砍三刀时，智呼声仿佛目睹这惨状一般，眼泪在眼睛里打转。听到雷锋后来在鞍钢当工人，学习开推土机和修机器，进部队后又和战友们团结一心、争当表率，做了许多好事，智呼声暗下决心要向雷锋学习。

在那之后有段时间，智呼声的父母发现孩子的饭量突然变大了。

"呼声最近怎么突然吃这么多？"母亲随口问道。

"这小子在长身体吧？随我，吃多点儿好，咱家虽然不富裕，但养活他还是没问题的。"父亲哈哈一笑。

"谁嫌他吃得多了？我就是觉得有点儿奇怪。"

"你这么一说，确实……算了，别管了。我看这小子皮是皮，聪明着呢，出不了岔子，随他去吧。"

又过了一段时间，细心的母亲发现智呼声作业没多写，铅笔倒是买得比以前勤了不少。母亲对孩子的变化总是格外敏锐，她摆出只有智呼声闯祸时才会有的严厉模样，把他叫来一问。紧张的智呼声没两下就全招了，母亲这才知道他在做"小雷锋"：每天多拿的馒头和铅笔都给了一个曾来过家里吃饭的同学。母亲对那个同学有印象，那孩子长得跟自家呼声挺像，就是黑瘦了些。

智呼声也是在无意间发现这位同学跟自己长得特别像。有次智呼声去书店买铅笔，那同学走在他前面，一拉开书店的门，玻璃门上霎时照出两个极为相似的人影，智呼声被吓了一跳。那同学不知道智呼声为什么突然呆住了，连叫了他两声都没反应，正要松开门来拽他，智呼声抢先一步扶住了门，指着门上的两个人影笑弯了腰。那同学看着人影愣了一下，也哈哈大笑起来。许是因为这特别的缘分，两个孩子自此便比以前更亲近了。那时，即便是城里人，你家送点儿咸菜，我家还回一盆土豆，都是常有的事，彼此来往颇为密切。像智呼声这个年纪的小孩，去朋友家串门儿，玩儿累了在朋友家吃饭，更是家常便饭。尽管智呼声和这个与他相像的同学关系要好，却从没去过他家，只听他提起过家住何处。智呼声有点儿好奇，便告诉这位同学想去他家玩儿，同学犹豫了一下，还是答应了。智呼声去的时候正巧赶上饭点，没想到这同学瘦归瘦，饭量倒不小，一顿吃了六个玉米面窝头都还不顶饿。看着他蘸着咸盐混着酱一口又一口地吃着，吃得头都不抬，智呼声有些心酸。那同学看出了他的心思，豁然地笑了笑说："今天还有得吃就不错啦，我有时候晚上都不吃饭呢。"

这位同学的父亲是个木匠，平时背着一个工具箱走街串巷地揽活儿，收入时好时坏。原来他们一家五口的生活全靠他父亲一个人支撑，日子过得艰难。"我能不能也像爸爸帮助同事那样，帮帮我的同学呢？"智呼声想。

起初，智呼声的想法很简单：直接带同学回家吃饭就好了！然而，虽然同学在他家能吃得好，但这毕竟是在别人家，吃得也并不自在，而且也不能天天在别人家吃饭。考虑到同学的自尊心和计划的可持续性，智呼声变换策略：每天中午吃饭的时候多拿两个馒头塞在书包里，跟同学说是自己吃不完的。如此一来，同学就能敞开吃，父母也不会察觉。吃饭的问题解决了，买铅笔的时候智呼声又如法炮制，跟父母说铅笔头老削断，趁机多买两根分给同学。除了"开源"，智呼声还学会"节流"。有时候母亲给他三个馒头，他就吃两个半，剩半个偷偷带给同学。

呼和浩特的夏天短暂但足够炎热，哪个孩子要是手里能攥根冰棍儿，连走路都会昂首挺胸。无论是那想象中的清甜，还是那份小公鸡一样的神气，都令其他孩子羡慕不已，智呼声也不例外。等他终于东拼西凑攒够五分钱，便拉着同学跑到供销社。两人的寸头被汗水打湿成一撮一撮的，活像两个小刺猬。智呼声掏出一个五分钱的钢镚儿放在玻璃柜台上。

"要一根五分的吗？"

"阿姨，我要两根两分的。"

"好，来，拿好，找你一分钱。"

智呼声小心翼翼地将那一分钱揣进口袋，把冰棍儿分给同学一根。

"五分钱的是不是更甜？"同学有点儿不好意思。

"五分钱的只能买一根，两分钱的能买两根，这样咱俩都有冰棍儿可以吃，味道也差不多，很划算！"

可纸是包不住火的，智呼声的"地下雷锋"计划没多久就被母亲"审问"出来了。母亲告诉父亲的时候，父亲笑得直不起腰，不知道是该感叹儿子机灵、赞赏他善良，还是笑他傻。他们最终选择睁一只眼闭一只眼，以此成全儿子的一片好心。后来，智呼声还用节省下来的零花钱帮这位同学交过两元五角的学费。这段从学生时代开始的友谊维持了很久，至今想起来，智呼声依然觉得非常美好。

第二章　逆境中成长

扫码解锁

◎群英颂歌 ◎敬业奉献
◎守护财安 ◎奋斗底色

顽强的"小家长"

　　说起童年，人们总是喜欢用"无忧无虑"这样的词来形容。的确，对大多数人来说，随着年龄的逐渐增长，成长的烦恼总是越来越多，需要自己去面对和解决的问题也越来越多。童年的远去好像是与"无忧无虑"的消逝是同步的。可惜，智呼声还没来得及体验这个慢慢长大的过程，他的童年就随着"文革"的到来戛然而止。1967年，智呼声上初中的时候，他的家庭遭遇突变——一夕之间，十三岁的智呼声成为这个摇摇欲坠的家庭的顶梁柱。

　　和父母刚失去联系的时候，智呼声每天茶饭不思。他四处打听，却没有一点儿关于父母的消息。此时的智呼声虽然心急如焚，但心里尚存一线希望。随着时间的推移，他能问的人、能去找的地方越来越少，智家逐渐蒙上一层绝望的平静——这平静就像绕着大树的藤蔓，逐渐让大树上的每一根枝条都透不过气。忧心忡忡的奶奶最终卧床不起，直到去世也没再见到儿子和儿媳。奶奶的离世并没有给智家的厄运画上句号。一年多以后，智呼声的爷爷也患上重病，没多久便去世。爷爷走的时候，心中不仅带着对老伴的思念和对儿子、儿媳的牵挂，也带着对智呼声兄妹三

⊙ 智呼声（左一）童年时与奶奶及弟弟妹妹合影

人的担忧。

智呼声的成长是被迫的，他用十几岁的肩膀扛起照顾自己和弟弟妹妹的责任。一个孩子怎么照顾另外两个孩子？这是个实打实的难题。他们每天要面对柴米油盐、衣食住行这些现实难题，还要面对他人的敌意。兄妹三人有时甚至会在白天上下学的路上被人莫名其妙地揍一顿，有时晚上在家也会被人扔砖头砸破门窗。智呼声只能搂着弟弟妹妹，一边说着"别怕别怕"，一边强撑着不让自己倒下。在很长一段时间里，智呼声并不知道自己为什么被打，他思来想去也想不明白自己和弟弟妹妹哪里得罪过人，直到有一次听到有人打完他以后扔下的一句辱骂。

看着那张得意而扭曲的笑脸，愤怒和委屈迅速占领智呼声心里的每个角落。他攥紧拳头，想冲上去跟对方痛痛快快地打一架，但他不能。他只能死死盯着对方逐渐远去的身影，直到那个身影变成一粒小小的芝麻，逐渐消失，他才爬起来拍拍身上的土回家。在风口浪尖上，为了弟弟妹妹，智呼声在最年少气盛的年纪学会了隐忍。

智呼声成了这个家名副其实的家长，小到洗衣做饭、给弟弟妹妹开家长会，大到买煤买粮，都由他一人负责。智呼声不喜欢开家长会，因为他这个小家长在一群家长里总是格外引人注目。那些目光或同情怜悯，或讥笑嘲讽。好在他很快就习惯了，习惯了也就不在意了。在生存都成问题的时候，他没有心思再理会这些。此时的他，只关心今天有没有米下锅，以及弟弟妹妹的功课有没有好好完成。

那个曾经慷慨解囊帮助同学的智呼声继续发挥他精打细算的本事，带着弟弟妹妹过日子。"开源"已是无望，只能想法子"节流"。口粮是必须买的，弟弟妹妹都在长身体，不能不给他们吃饱；喝水可以自己去挑；做饭用的煤，自己用人力车去拉更便宜，他尽量省着点儿用，一个月去拉一次就行。解决这些基本生存问题后，智呼声还想让弟弟妹妹能吃上菜。于是他去卖菜的地方徘徊蹲守了好几天，等到人家要收摊时，他犹豫再三，终于鼓起勇气去商量。

"阿姨，这些菜要处理掉吗？能不能便宜点儿卖给我？"

"不太新鲜啦，你想要就卖给你吧。"

智呼声赶紧如获至宝般应下来。他拿着菜又踌躇了一会儿，等到各个摊位都陆续收拾东西打烊。他发现，个别摊位会遗留一点儿别人不要的菜，不是蔫了，就是零零碎碎的，许是人家挑菜掐尖时剩下的。此时，一个想法在智呼声心里冒出来。他心跳加速，低头看了看自己的脚，又悄悄左顾右盼了几下——此时的菜市场就像一条流动的小溪，人们没空理睬他这块杵在边缘的小石头。像是下了某种决心，智呼声长出一口气，走向那些剩菜，只扫了一眼就赶紧装进袋子。"蔫是蔫了点儿，但营养应该都是一样的吧？捡回去洗洗，也能做着吃。"智呼声想着。但即便是这样的菜，也不是总能弄到。智呼声想为弟弟妹妹多做点儿花样，可调味品有限，他也无可奈何。不过好在弟弟妹妹体谅他的难处，都很捧场。智呼声不清楚他们是真的爱吃还是给自己鼓劲儿，反正只要他们多吃点儿就好，他只夹两筷子意思一下，就不再动筷。

"哥，你也吃。"妹妹夹起一筷子黄绿色的菜叶放在智呼声面前的碗里。

"我不用，你们还在长身体，多吃点儿。"智呼声只嚼了一口窝窝头，便把菜夹回妹妹碗里。

冬天比夏天更难熬，因为冬天菜少、用煤多。在呼和浩特，冬天没有煤取暖会冻坏身体，但煤对智呼声兄妹来说，堪称奢侈品。做饭取暖都要用煤，要是靠买，用不了多久，三人连饭都吃不上了。于是，智呼声每天吃完晚饭后，便拿着筛子和一条破麻袋，带着弟弟妹妹去街上生火炉的商店门口拾煤核儿（没烧透的煤块或煤球）。下过雪的路面不是课本里写的"洁白一片"，车轮印、脚印以及不知道被什么东西拖拽过而留下的印子，把蓬松的白雪压得像大理石一样，黑一块、褐一块，硬邦邦的。一不小心，就会摔个四脚朝天。智呼声拉着妹妹，看着弟弟蹦蹦跳跳，跑几步就跳起来往前一滑。他一会儿喊弟弟慢点儿，一会儿让他小心点儿，逗得妹妹呵呵笑。有时遇到同样精打细算的店家，他们也会无功而返。不过，那些任他们去拾煤核儿的店家也不是不精明，只是可怜他们几个孤苦伶仃的孩子罢了。

智呼声这个小家长当得有模有样，日子虽捉襟见肘，却也平稳推进。弟弟妹妹不但健康地成长着，甚至在他的督促和辅导下，也没落下学习。

迷茫的少年

尽管生活的艰辛几乎让智呼声寸步难行，但他依然想拼尽全力把文化课学好。这不仅源于他小时候对父亲许下的"好好学习"的承诺，更重要的是，智呼声发自内心地觉得知识，无论什么时候、什么处境，学到脑子里总归是不吃亏的，说不定哪一天就能派上用场。面对眼下的形势，他虽不知道未来会如何，但他已习惯把手头上的每件事都做。多年后回想起自己这一生，智呼声依然为此感到骄傲——一个人如果无论在怎样的环境中做着怎样的事情，只要力求尽力而为，势必会干一行成一行。

然而，想学是一回事，能不能学又是另一回事。那时候，学校三天两头闹停课，今天的语文老师，明天可能就教数学了。至于课程进度和质量，更是兼顾不上。这让智呼声很苦恼，毕竟数学和物理这些课程对他来说，自学起来属实困难。他只能在放学后偷偷请教和自己关系不错的同学。但这样一来二去，难免传出些闲言碎语。为了不让同学因他而受到歧视，智呼声选择晚上去请教或者少去请教，最后干脆不去了。

生活的困苦、求学的艰难、自尊的煎熬，使放弃的念头时常萦绕在智呼声心头。毕竟，此时的智呼声，再坚强也不过是个十三四岁的孩子，好胜心再强也敌不过"形势比人强"。每当最想放弃的时候，往往是他最想家人的时候。他看到李白的《送友人》，读到"此地一为别，孤蓬万里征"时，对家人的思念伴随着一股强烈的酸楚从鼻尖涌了出来。一家人坐在饭桌前谈论将来的画面，如今竟已成为奢望。

"我还有将来吗？"智呼声曾这样问过自己，随即又被自己的这个念头吓了一跳。怎么能没有将来呢？如果他没有将来，那么弟弟妹妹将来该怎么办呢？当钻不出这牛角尖的时候，他就掏出小时候父亲送他的《钢铁是怎样炼成的》。封面的书角已经卷起一点儿，被智呼声重新压平，露出黄色的毛边。书虽然已经被翻得没有新气，但仍旧平整、干净。智呼声翻到第二页，上面有用蓝黑色的墨水写的字："学习学习再学习，锻炼锻炼再锻炼。"

看了一会儿书后，智呼声逐渐平静下来，然后去给弟弟妹妹洗衣服了。

心绪平定后，他还是要面对残酷的现实，请教同学怕给同学带来麻烦，那请教老师呢？——老师本来就是教书育人的——应该没什么事吧？智呼声抱着试一试的心态向老师提问。然而，有的老师看到他拿着书走过来，在远处就低头走开了；有的老师被他堵在办公室，也会找借口走开，他自讨没趣，只能回教室；遇到有的老师愿意给他辅导，他就像抓住救命稻草一样，喜不自胜又小心翼翼。可惜好景不长，还是有闲言碎语传出。

　　智呼声再去找这老师请教的时候，看到老师面露难色，他便知趣地离开。老师虽然感动于他的好学和懂事，但又恐惧惹祸上身，权衡之下，只得心硬一点儿。对此，智呼声并未有过埋怨，他发自内心地感恩每一个在这种时刻向他伸出过援手的人。

坚韧的学生

　　在智呼声对找老师请教这条路也逐渐灰心的时候，诸葛老师就像不灭的火苗，点亮了他的希望。她从不对智呼声表现出为难的神色，还主动提出，让智呼声来自己家里为他补习功课。

　　第一次去诸葛老师家前，智呼声踟蹰了很久。因为诸葛老师住在一个前后都通着的大院里，不是独门独院，所以每个房间都一览无余。院子里进来什么人，去了哪一家，院里的住户都看得明明白白的。从站在院门前的那一刻起，智呼声就像鞋里灌满泥浆一样，进退两难。他咬咬牙，抬脚走了进去。院里的几个房间都亮着灯，那昏黄的灯光里好似有几只眼睛盯着他，又好似有几张嘴在叽叽喳喳。他眨眼的瞬间，仿佛看到一张张充满讥诮的嘴脸。突然，一盏灯灭了，智呼声僵在原地，走也不是，跑也不是。

　　"智呼声，快进来。"诸葛老师掀开门帘朝他招手。

　　智呼声逃也似的进屋了。他也曾去被他帮助过的同学家里请教过问题，怕同学因为给他辅导而被歧视，他都自觉地深夜到访。然而，由于诸葛老师家院子的布局，不论什么时候来，他都会被人看到，所以他进屋后依然心神不宁。

"嘿，想什么呢？有没有在听我讲？"

"老师，别人看见你给我辅导，会不会给你惹麻烦？"

"管他呢，我辅导了就是辅导了，我就是喜欢爱学习的同学！"

智呼声感动极了，他想起自己的小学班主任史敏敏老师。那时他还是无忧无虑的小学生，史老师是个归国华侨，也是上海来内蒙古支边的老教师。她经常在课后辅导学生写作业，也很关心学生。有次智呼声因为跟其他同学打架，回家挨了一顿批评，第二天蔫头耷脑地去上学，细心的史老师很快就察觉，还特地去他家说明事情的经过。现在智呼声不会再跟人打架，也不知道父母亲和史老师怎么样了。

智呼声被诸葛老师辅导一段时间后，他明显感觉自己的理解能力比起以前有很大提高。他实在不知该怎么感谢诸葛老师，就时常帮诸葛老师打热水。可是高兴了没几天，他去诸葛老师家"开小灶"的事情就暴露了。这次的闲言碎语跟以往不同，诸葛老师最终被点名批评。智呼声又愧疚又无措，只能跟诸葛老师保持距离。没多久，诸葛老师问他为什么不来了，他支支吾吾，有些难为情。

诸葛老师怎么会不知道自己这位学生的心思？

"你听着，我辅导了就是辅导了，我就是喜欢让爱学习的同学能好好学习，明白吗？"

从那之后，智呼声开始大大方方地去大院里接受诸葛老师的辅导。走进院门的时候，他的步伐不再像鞋里灌了泥浆那样沉重，而是像回家一般轻快，直到他顺利考上高中。

多年以后，当再次提起那段时光，智呼声总是面带笑容。他没有忘记那些煎熬的日子，诸葛老师点燃的火苗时隔几十年依然照亮他，让他觉得自己依然是幸运的。

第三章　艰苦中磨炼

扫码解锁

◎群英颂歌 ◎敬业奉献
◎守护财安 ◎奋斗底色

充实的知青岁月

呼和浩特的冬季干燥、寒冷，又漫长。然而，只要四季仍在轮回，冬天就总有过去的一天，阳光终会穿透冰层的缝隙，带来明媚的春天。高中快毕业那年，智呼声进厂当了工人。

那时候的工厂广泛实施"八级工制度"，严格地说，实为"八级工资制"。智呼声数着"一级工、二级工、三级工……"，他想，只要自己不怕吃苦，好好学，好好干，说不定有朝一日就能当上八级工呢！然而，美梦没做几天，他的工人生涯就终止在学徒期。但智呼声没有过于伤心或愤怒，而是平静地接受这个变故。经过多年的风吹雨打，他学会平静地接受一切。"向前看"对智呼声来说不是一句简单的口号。他自嘲道："就知道不会这么顺利。"彼时，轰轰烈烈的上山下乡运动正如火如荼地进行着。于是，短暂地遗憾了几天后，智呼声离开城市，来到呼和浩特市托克托县五申乡（现五申镇）做一名下乡的知识青年。

五申乡地处托克托县西北部，状若一顶斜放的"帽子"，黄河则从"帽子"中央穿流而过。这里虽隶属呼和浩特市，但和智呼声小时候上劳动课时去的农村大相径庭。毫不夸张地说，刚到村子的时候，智呼声脑子里立马蹦出来三个挥之不去的大字：脏、乱、差。

出发之前，智呼声已经做好充分的心理准备，但眼前的景象还是令初来乍到的他惊愕于想象与现实的巨大差距。好在他一贯是个"向前看"的人，很快就撸起袖子跃跃欲试。然而，缺乏农村生活经验的智呼声发现自己的浑身干劲儿因为不熟悉乡里的情况而无处安放。他想，还是得向老知青们请教。

天蒙蒙亮的时候，智呼声踩着空气里即将消散的最后一缕寒气，跑到老知青的住处，没想到竟扑了个空。一打听才知道，他们早就去地里了。他又急急忙忙地跑去地里，站在垄畔上，远远地看见地里的身影。晨光洒向地里，那身影活像少林寺的十八铜人。智呼声走近一看，发现这十八铜人正是老知青们，他们正在拉着犁耙耕地。刚来的时候，智呼声就听说生产队的牲畜不够用，他还忧心赶上春耕播种怎么办。原来老知青们早有妙计——三人一组，两人拉犁，一人摇犁播种。老知青们看到突然出现的人影，对这个好学又肯卖力气的小知青颇有好感。带头的薛大姐招呼一嗓子，智呼声就下了地。老知青们早就三人一组排好队形，没有智呼声能插进去的空子，于是老知青们便轮流教他怎么拉犁、怎么播种，给他讲知青平时做什么、吃什么，还讲乡里的风物和乡里的人。

当太阳升到头顶的时候，地里一片欢声笑语。智呼声一行人甩着手、捶着腰来到树下休息。薛大姐招呼人分给智呼声两个玉

⊙ 1972年，智呼声（左一）在五申乡和老知青挑水浇秧苗

米面窝头，又给他递去白开水。吃完闲聊一会儿后，大家又撸起袖子和裤管重新下地。摩拳擦掌的智呼声，成功当选替补。

"薛大姐，我来替你干一会儿吧！"

"怎么替薛大姐不替我啊？"另一个老知青打趣道。

"只有薛大姐一个女同志，让她歇会儿。"

"可别！谁说女同志就该多歇歇，她跟谁急！薛大姐厉害着呢，我们能干的她能干，我们干不了的她也能干！"

"去去去！呼声你去替替他，让他一边儿去，净在这儿聒噪。"薛大姐笑道。

"我说实话嘛，咱薛大姐可是丝毫不输邢燕子的人物！"

"对对对！哈哈……"又是一阵笑声。

忙活了一下午，智呼声浑身像散了架一样疼，肩胛骨晒得火辣辣的，汗水顺着后脖颈流到脊背上，后背的衣服逐渐现出一块心形的汗渍。没多久，那"心"又"破茧"成了一只展翅的胖蝴蝶。他弯腰看着自己的脚，布鞋上沾满泥土，脚踝也穿上了泥土风干后留下的"盔甲"。此刻，他觉得自己就像在这地里扎根的作物一样，脚踩在地上，心里无比踏实。

"呼声，刚来感觉咋样？习惯吗？想不想家？有没有觉得特别累？我刚来的时候真感觉自己随时要累趴下了！"

"累，但踏实。"

大家不再多问，这是他们心照不宣的答案。

　　智呼声扎扎实实地接受农村的一切，甚至爱上了这里。他想着自己年轻身体好，便什么脏活儿、累活儿都抢着干，冬天一身土，夏天一身泥。虽然一个工分只有两毛钱，可他并不觉得少，也不为此惜力。春天，智呼声赶在太阳升起前去耕地播种；夏天，他顶着烈日除草；秋天，他在晨雾中收割庄稼，再把庄稼拉回生产队的场院里碾打后装袋入库；冬天，他则随着生产队的马车，拉着满载的粮食走 40 多公里的路去县里上交公粮。没有机械化设备，智呼声就跟老知青们一起人抬肩扛。忙忙碌碌 40 多天，大家交完公粮，就又到了积肥的时候。智呼声和老知青们每天跟农民们一起去生产队的饲养院里，把牲畜的粪便收集起来，统一挑到积肥的大坑里，又去每户人家的旱厕里收集人的粪便。晚上，知青们围坐在一起读报学习，交流每个人的收获。正好，智呼声赶上了学习邢燕子的先进事迹，他这才明白大家为什么说薛大姐不输邢燕子了。

　　邢燕子是天津人，在"上山下乡"的口号提出前就来到农村。她把村里的妇女组织起来，成立"邢燕子突击队"，跟男人们一样下地干活儿，哪里需要就到哪里去。耙地、施肥、打鱼、抗沙……男人能做的她们也能做，还要做得更好。在 3 年自然灾害期间，邢燕子带领"邢燕子突击队"响应党中央"生产自救"的号召，一鼓作气地开垦 560 亩荒地。薛大姐不也是这样一位巾帼不让须眉的女性吗？

温暖的农村生活

提起薛大姐，智呼声满心都是赞叹和感激。薛大姐来自上海，是 1968 年就插队下乡的老知青。智呼声不知道她刚来农村的时候，是不是也像邢燕子一样手足无措，或像自己一样惊愕于这里的艰苦。可当智呼声见到她的时候，薛大姐已经是个地地道道的"土地的女儿"了。

呼和浩特地处我国大西北地区，冬季寒冷漫长，凛冽的北风从这个山头刮到那个山头，刮走了这里全部的生机。然而，大雪覆盖下的灰败终有冰雪消融后重新焕发绿意的一天。勤劳又智慧的劳动人民会想尽一切办法、尽最大努力保住生命的温床，让种子在来年更容易破土而出，进而茁壮生长。黄河从五申乡（现五申镇）的中央斜穿而过。每年冬天，村民们将黄河水引入支流，再把支流的水引到地里，趁上冻之前把地浇透，这就叫"保墒"——留住土壤里的水分，确保农作物在西北干旱少雨的春天也能顺利生长。

这活儿是每年冬天雷打不动的重头戏，也是名副其实的苦差事。这活儿听起来简单，似乎只是个通渠引水的事儿，可干起来是真不容易。智呼声记得，那时候生产队条件不好，知青们下地连双像样的雨鞋都没有，只能穿着黄胶鞋，把裤腿挽到膝盖上面，顶着土壤里和水里透出来的刺骨寒气，下地疏通水渠。男知青们尚且要咬咬牙、做好充分的心理准备才能踩下去，薛大姐却只是皱着眉头憋一口气，便下到渠里。寒气像蛇一样从脚底沿着小腿蜿蜒而上。薛大姐把铁锹扛到肩头，转头对大家说："挺好！凉快！清醒！"

大家被逗得哈哈直乐，纷纷下了地。薛大姐抢在人前，用铁锹把淤堵的水渠下的淤泥铲出来，堆在水渠两岸，又铲了些干土简单混合，最后再用铁锹背把两岸的泥抹平。一番操作下来，水渠通了，两岸的泥也不往下滑落。离老远看，这水渠横平竖直，堪称美观。智呼声跟在后面赞叹不已，薛大姐干活儿不仅利索，还干得有章法，干得好！他学着薛大姐的样子干，果真效果好了不少。遇到被水冲垮的水渠，薛大姐也是最先跳进冰水里去忙活的。

傍晚凉意更甚，智呼声感到自己的小腿又酸又胀，每走一步都脚麻难忍。这样的温度已经不适合继续干活儿了，一行人收工上来缓了好一会儿。智呼声依然感觉自己的腿脚像是落在了地里，只有上半身爬上来了。薛大姐嘱咐大家晚上回去用热水烫烫脚，随后众人就各自散了。

晚上吃完饭，智呼声正坐在桌前看报纸，薛大姐忽然来了。智呼声忙放下报纸请她进来坐下。看到薛大姐将针线放在桌上，他一时琢磨不出缘由，正想开口问，薛大姐倒先问他了："呼声，泡脚没？"

"泡了，舒服多了。"

"你第一年来，肯定不适应，不好好泡泡以后容易腿疼。寒气最容易从脚底钻进身体里去，万一得了风湿，阴天下雨发作起来要命一样疼，这可是要跟着你一辈子的。"

"知道了，谢谢薛大姐。"

"你这衣服我看破了个洞一直没补，想着你一个男同志可能是不会补，我给你补补吧！不要不好意思，在这里大家都是一家人。"

智呼声低头一看，才发现上衣的袖口处磨起了絮，手肘处破了个洞，露出里面蓝色的毛衣。他下意识地将手指伸进洞里抠了抠毛衣袖子。

"大男人的，麻利些。"

智呼声不再扭捏，把上衣换下来交给薛大姐。自从来到五申乡，他每天累得一沾枕头就睡，不自觉地就变得邋遢起来。但只要过得踏实，累一点儿也好，邋遢一点儿也罢，他自己都不是很在意，况且这里的人也不会因为他穿破衣服就嫌弃他。

薛大姐把衣服还给他的时候，智呼声看到这上衣被洗得干干净净，手肘处的破洞从里面用颜色相近的布打了个补丁，袖口也用同样的布缝了一圈，乍一看，袖口光洁如新，似乎还能再穿两三年。智呼声感动之余，还有些酸楚。小时候在城里，虽说家里没有多富裕，但母亲总是让他们兄妹三人都穿得干净整洁。后来家庭遭遇变故，他要一边读书，一边照顾弟弟妹妹。他给弟弟妹妹洗衣做饭，学着母亲的样子让弟弟妹妹尽可能体体面面。至于他自己，他早就没什么要求了。

后来，薛大姐又看不下去他那又长又乱糟的头发，逮着他给他剪了头。智呼声很喜欢和薛大姐相处，从她身上，他甚至感受到如同母亲一般的温暖。不过，他怕薛大姐误以为自己说她年纪大，所以没敢跟薛大姐这么说过。但他实在找不出比这更贴切的形容，或许母性的光辉在女同志身上是不分年龄的吧。

多年后，回想插队的时光，智呼声觉得自己是快乐的，那种快乐足以让他此后的一生在提起"知青"这个称呼时就觉得光荣，提起"农民"这个群体时就觉得亲切。尽管他的知青岁月只有一年多，却在他的整个人生中占有举足轻重的地位。即便已经年逾古稀，许多事情和场景都只剩下模糊的印象，但跟人谈起那段峥嵘岁月，智呼声眼里依然闪耀着那个年代特有的光芒。这不仅是因为那里是他新生活的开始，也因为那一年多对他的锤炼，使他对泥土和农民产生终生难以忘怀的亲近与爱。

五申乡的农民朴实热情，毫不排挤这些城市里来的年轻人，很快就接纳了他们。也许是想到他们离开家乡和父母的不易，也许是想到他们吃苦耐劳的精气神，村民们打心眼儿里喜欢这群孩子，心疼这群孩子。在智呼声的记忆里，他在插队的时候闻过最香的味道，就是老乡家里那一碗揪面片儿的香味。五申乡条件不好，老乡们自己过得也艰苦，偶尔揪个面片儿就算是改善生活。他们揪面片儿的时候总要叫上这群异乡来的孩子，还会多切些小拇指宽的土豆条，一烩锅，香味儿就藏也藏不住。一碗下肚，孩子们从胃里暖到全身。初来的时候，智呼声和许多知青一样，担心老乡会对他们有排斥心理，会觉得城里孩子娇气，可他们不知道，老乡们其实也在担心这群孩子不适应农村的生活。中秋节时，老乡把智呼声拉回自己家一起吃饺子，问他想不想家。智呼声仔细想了想，说不想家是不可能的，但在这里真的没有在家好吗？未必。

"也会想，但是觉得在这儿也很好，被人尊重的感觉真好。"

老乡们喜欢这个朴实的年轻人，连他的肥皂用完了都放在心上。别说知青工钱低，就算工钱高，肥皂也是凭票购买的稀罕货，一条肥皂要两毛钱，可大家洗脸、洗头、洗衣服全得靠它。智呼声不好意思把自己的窘迫展示出来，更不好意思向别人求助。但物质上的窘迫再怎么藏，也会被人发现蛛丝马迹。老乡发现智呼声的肥皂用完了，二话没说，就从自家肥皂上掰下来一块塞给了他。在那个年代，农民的生活很苦，智呼声感动于他们在生活困苦的时候还能伸手帮助自己的恩情，因此他一生都对农民抱有深厚的感情。

火热的军旅生涯

智呼声第一次萌生参军的想法，是在快上高中的时候。他在报纸上看到珍宝岛自卫反击战的报道，心中久久无法平静，就像大冷天喝了一碗热水，入口的烫刚平静下去，一股暖流就顺着肠胃爬向四肢。他想，自己要是也能入伍成为一名解放军战士，那该多好啊。然而，参军对当时的他而言，只是个美好却缥缈的梦想，放下报纸去张罗今天的晚饭，才是他当时该做的。高中毕业后，由于各种意外，他先是当了学徒工，后又到五甲乡插队，本以为这辈子和部队无缘了，没想到1973年，机会来了。彼时，19岁的智呼声凭借插队期间的优异表现，成功从农村参军入伍，如愿成为一名解放军战士。

⊙ 1974年，智呼声在装甲车上留念

临出发去部队的前几天，智呼声既紧张又期待。他晚上躺在床上翻来覆去睡不着。恍惚间，他好像看见自己站在半山腰，朝着山顶红彤彤的太阳走过去。刚走没几步，一阵惊雷响起，随后便下起了瓢泼大雨。一股难言的烦闷涌上心头，让智呼声睡意全无。于是，他干脆起身去吹吹风，漫无目的地在院子里踱步。他抬头看着天空，一片漆黑。再仔细看看，又能看见一闪一闪的星星，像混进煤渣里的细沙，不仔细看是看不出来的；太仔细地盯着看，又一阵眼花，什么也看不见，只剩一片漆黑。智呼声低下头眨眨眼睛，又闭着眼睛抬起头。在尽力使眼睛周围的每一块肌肉都彻底放松后，他缓缓睁开眼，发现今晚没有月亮，星星格外闪烁。他盯着看了一会儿，眼前又一片漆黑了。他再次闭上眼，深吸一口气，重新睁开眼，又是繁星闪烁。如此往复几次，他躁动的心似乎被凉风抚平了，竟觉得心旷神怡，前路坦荡。

出发前的紧张和期待在去部队的车上达到顶峰，又在下车的一瞬间烟消云散。这是一所大学校，也是一个大家庭。智呼声在火热的集体生活中、在老班长的关爱下，很快就适应了部队的生活。

智呼声喜欢这里，这里什么都不看，就看成绩。大家见红旗就扛，见第一就争，只要努力就一定能看到回报。智呼声觉得自己在这里感受到什么是"海阔凭鱼跃，天高任鸟飞"。他身体结实，又肯吃苦，在各项军事训练中的成绩都不错，尤其是投弹训练。即便如此，老班长还是要手把手地纠正他的每一个动作细节。要不是老班长平时为人亲和，智呼声简直要怀疑老班长是不是故意给他加练。其实老班长对每个战友都是如此，不论训练成绩好坏，他都力求讲透每一个军事要领，做细每一个示范动作。终于，在一次又一次地示范后，临近考核，老班长的右手臂由于超强度训练肿了起来，吃饭的时候连碗筷都拿不起来。战友们不好意思地看着他，他笑骂："这次谁要是成绩还没我胳膊肿得高，谁就俯卧撑准备！本来就成绩还行的，要是投不过我这伤员，也俯卧撑准备！"智呼声和战友们听完，笑得连手里的筷子也颤了起来。笑归笑，大家还是有些担心老班长。结果，没想到在这种情况下，老班长居然还能投出70多米，蝉联连里的标兵。智呼声和战友们对老班长心服口服。

智呼声赞叹老班长优秀的训练成绩，也喜欢他生活上的细心。

老班长不仅给班里生病的战友洗衣服、端饭送药，还用自己的津贴费给战友们买罐头打牙祭。有次智呼声回宿舍，看见老班长在缝自己训练时磨破的上衣胳膊肘，还有点儿不好意思。他本来打算当天晚上缝，结果被老班长抢先一步。

"谢谢班长，我本来打算晚上就缝的。"智呼声憨憨一笑。

"我看见了就顺手缝了，你一个新兵哪会这个？你看，从这儿扎下去，拽上来以后要拉平，再踩着刚才的针脚起下一针……"

老班长笑眯眯地边缝边教。其实智呼声会缝，在那些又当爹又当妈的日子里，他什么活儿没干过？但有个人这样教自己，当自己的老大哥，把自己当弟弟一样关照，智呼声觉得这种感觉美滋滋的，让他想起薛大姐。

从军事训练到生活技能，老班长教会智呼声很多东西。智呼声想，要是能一直跟着老班长就好了。可惜，天不遂人愿，老班长用自己的生命给所有战友上了最后一课。

除了日常的军事训练，智呼声所在的连队还承担国防施工的任务。一向吃苦耐劳的智呼声在老班长的带领下，自然是苦活儿累活儿都抢在前面。由于汽车无法到达施工现场的山上，老班长就组织战士们肩背手扛地往山上送水泥。别人扛一袋，智呼声就扛两袋，这不是争强好胜，而是他在插队时就养成的习惯。他自知自己比一般人多一把子力气，便从不肯惜力，有多少力气就都用出去。

1974 年，在一次再平常不过的施工中，智呼声一行人走在狭窄的坑道里。坑道里一片漆黑，只有他们提的几盏燃油马灯像萤火虫一样穿梭在坑道里。两三个人共用一盏马灯，光线并不明亮，于是一行人便两三个走成一团，从坑道深处向外走去，或谈论一会儿施工情况，或聊几句家常，这是他们结束施工后惯例的放松方式。走着走着，老班长突然示意大家停下。谈笑声戛然而止，取而代之的是几声窸窸窣窣的滚石声，像顽皮的孩子在路上踢了一脚石头，滚出去几步远。在坑道里听见这样的声音可不是好兆头！果然，更大的动静紧随其后。所有人都意识到，坑道可能出现塌方，继续留在坑道里凶多吉少。老班长压低声音，镇定地组织大家快步往外走，正当大家的心提到嗓子眼儿的时候，老班长借着马灯的光亮抬头一看，发现坑道上方有一块石头摇摇欲坠，而石头下面是一位河南籍战友显眼的头盔。石块随时可能落下来，老班长一个箭步上前，用他能投弹70多米的有力臂膀，将战友推到自己的左边。两人还没站住脚，石头就砸了下来，正落在老班长头上，发出一声沉闷的响声。智呼声在万分震惊中迅速恢复理智，疾速冲到老班长身边。但老班长已经当场牺牲。当时智呼声只感觉脑子里嗡的一声，眼前一片漆黑，仿佛有几只萤火虫在飞来飞去。后来，他是怎么出的坑道，怎么把老班长带出来的，这些他都回忆不起来了。事后，老班长被追认为烈士。

后来，智呼声也当了班长，再后来又当了排长。不论是当班长还是当排长，甚至离开军营以后，他都常常想起自己的老班长，每当想到他，智呼声就觉得自己做得还不够。在无数次遇到困难或疲惫不堪的时候，那片黑暗里的萤火虫就在他脑海里飞来飞去，想起那个令人痛心又震撼的画面，他就觉得好像无论多难走的路，只要坚持走，就能走到光亮照进洞口的那一刻。

智呼声在部队一待就是六年，他担任过饲养员、炊事员，修过工事，先后两次荣获三等功。他喜欢这个光荣而团结的群体，他的能力也不断得到领导和战友的认可。他本以为自己能一直踏踏实实地在部队待下去，没想到命运却再次把他推到十字路口。

那时，智呼声的父母早已回到工作岗位。他母亲的身体一直不好，父亲多次来信，说家里需要他。而弟弟和妹妹又陆续走上工作岗位。身为家中长子，智呼声似乎理应回到那个风雨飘摇后好不容易团聚的家。智呼声心神不宁地纠结了一段时间，部队首长看他心事重重，问他怎么了，他也不说。纠结过后，智呼声决定忍痛转业，向首长说明情况后，首长惊讶不已，以智呼声这样的态度和能力，他以为智呼声会在军营待上大半辈子。首长想出言挽留，又理解智呼声的难处，斟酌再三，他还是希望智呼声能慎重考虑。智呼声感谢部队首长的好意，最终，转业到农行系统工作。六年的军营生活像一颗璀璨的流星划过智呼声的生命。此后，他再也无法忘记流星的美丽与迷人。流星一去不返，但看过流星的人会永远记得它是怎样灿烂地来过。

⊙ 1973年，智呼声（右二）与前来部队探望的弟弟妹妹在营区山坡留影

第四章 困惑中寻找

扫码解锁

◎群英颂歌 ◎敬业奉献
◎守护财安 ◎奋斗底色

初来乍到的转变

1979 年，刚从部队转业到呼和浩特农行郊区支行的时候，智呼声感到百无聊赖。作为一名记账员，他每天的工作就是记记账、付付款、端着茶缸喝喝茶，顺便回忆回忆军营的峥嵘岁月，叹息一下现在的日子和部队的生活相比，比白开水跟好茶的区别还大。

智呼声又端起茶缸，刚端到嘴边便吹了一口气。看着几根浮在水面的茶叶渣顺着小小的水波荡去对岸，又缓缓漂回来，他快快地放下杯子，把手放在算盘上，心不在焉地捻着算盘的珠子。他看着自己的手，这是扛过枪、开过装甲车的手，现在却每天拨算盘、点钞、记账，甚至为账上弄不平的几分钱将手底下的算盘打出火星。智呼声越想越觉得这夏天、这房间格外闷热，热得他想把算盘都拿起来扇风——要是能把算盘变成电风扇就好了。他扭动了一下肩膀，被汗水粘在后背的衬衫拱起一个"小山脊"；再动一下衬衫又重新落回后背上，又湿又黏。他真想冲出大门，直跑到河里，跟河水打一套军体拳，把自己这浑身的力气好好消磨一番！

"小智！"高师傅在他背上拍一把，顺势坐到他对面，从抽屉里掏出一大摞账本放在桌子上。

智呼声看见高师傅就发怵——高师傅是智呼声的父亲招进银行的，他算智呼声父亲的半个徒弟。刚转业过来的时候，智呼声还担心高师傅会看在父亲的面子上照顾自己，结果高师傅管教起他来，那可真是毫不手软，拍桌子都算轻的。有时候智呼声看不明白银行的教材，加之转业本就不是他自己的意愿，他难免有抵触心理。每当这种时候，他在首长和战友的挽留与父亲殷切希望他能照顾家里之间纠结抉择的痛苦回忆就会占据他的大脑，惹得他更加烦躁。智呼声瞪大眼睛，死死盯着教材。慢慢地，教材上的字越来越组不成一句话了，它们好像一个个彼此毫不相干的符号，每个字他都认识，但这些字连起来他就不懂了。高师傅耐心地给他讲了两遍，他依然云里雾里的，甚至连高师傅的声音也开始模糊。有一回，他正眯着眼睛出神，高师傅抄起算盘朝智呼声的后背就是一拍，智呼声瞬间回了神。他哪里敢吭声，赶紧盯着书继续啃。高师傅问他："会了吗？"他又急又尴尬，脑子发热，感觉头顶都要出汗了。说"不会"又要挨骂，可说"会"高师傅就会刨根问底让他解释。好不容易熬到下班，智呼声晚上回家脱了短袖对着镜子一照，算盘珠子在背上印得好不清晰。

"你成仁叔就这样，公私分明，跟我关系再好，该打你照样打你。"父亲倒是很坦然地笑了，他似乎对此早有预料。

高师傅坐在对面边翻账本边摇头，看着他严肃的神情，智呼声估计今天准没好事。果然，高师傅把账本扔到智呼声面前，说他做的账不平，差四分钱。又是账不平，智呼声十分头疼。

"师傅，就四分钱，我自己补上吧。"

"不行，必须把问题找出来，做记账这种工作不细致用心还想蒙混过关？今天差四分你补上，明天多出来五毛你也要拿走吗？"说话间，高师傅已经打开账本，拿起算盘开始算了。

智呼声哑口无言，讪讪地拨着算盘珠子。

"今天算不平不要走了，我陪你一起。"

闷热的房间里，噼里啪啦的算盘声不绝于耳，空气仿佛凝滞在智呼声和高师傅耳畔，只有翻账本时送来的一丝丝微弱的凉风还在流动。二人算得满头大汗，送走了一波又一波同事。街上路灯亮起后，又不知道过去了多久，二人才终于找到纰漏所在。智呼声两手交叉垫在后脑勺上，靠在椅背上伸了个懒腰，长舒一口气，笑了起来。

"臭小子，你笑什么？"

"不告诉你。"

高师傅被智呼声狡黠又得意的样子逗乐了，不知道他葫芦里卖的是什么药。他站起来，手叉腰转转身子，叮嘱几句就走了。智呼声简单地收拾一下办公室，就火急火燎地回家了。

回到家时，父母和弟弟妹妹都已经吃过饭了，给他留了一盘菜和两个馒头。他抓起馒头，一口菜两口馍，狼吞虎咽地吃起来。

"你成仁叔又给我告你的状了，回来这么晚是又被收拾了吗？记账的工作看起来简单琐碎，但尤其要用心……"

"我知道了爸，我会好好干的。我赶紧吃完，一会儿还得把今天高师傅教给我的算账窍门儿写出来。"智呼声又咬了两口馒头对父亲说。

"这才对嘛，干什么工作都是为人民服务，你是转业干部，要把部队的光荣传统带到单位！"

"嗯，嗯，我知道。我吃完了，碗放着别动，我写完出来洗！"正说着，智呼声一溜烟儿就跑回房间，只留下一头雾水的父亲。

第二天，高师傅照例一大早就来了单位。呼和浩特昼夜温差大，清晨的风尚且凉爽，吹得他心里都舒坦了不少。推开单位门，高师傅看见智呼声正在练习点钞，心里就更舒坦了。

"太阳打西边出来了啊？自己练上了，啥时候来的？"

"六点多就来了，手指头都数抽筋了，您看！"智呼声放下练功券，对着高师傅甩了甩手腕。

"是吗？我看看。"高师傅嘿嘿一笑，连忙抓住智呼声的手，端详起来。智呼声的虎口磨得发红，指尖也光溜溜地泛着红，大拇指根向虎口凹了下去。高师傅把这只手按到桌子上，趁智呼声不明所以，一拳砸了下去。

"啊！"智呼声惊呼一声。

"疼不？还抽吗？"高师傅也甩甩手腕。

"不疼不疼，真的不抽了。"他哪敢说疼啊。

"我也是这么过来的，你小子且熬着吧，还有好多关要过呢。"高师傅心情愉快，哼着小曲儿走开了。

光荣传统的延续

记账是个极其磨人性子的工作，但自从智呼声端正态度后，这项工作似乎也没那么乏味无聊了，甚至连突然出现在背后的高师傅，他也不觉得可怕了。相反，他甚至开始期待高师傅突然喊自己的名字。

高师傅一如既往地严厉，他并没有因为智呼声端正工作和学习态度就对他"网开一面"。那时还没有计算机，全靠手工记账，既费时又耗精力，加之作为新手，智呼声尚不熟练，时常来不及午休。有时候下午两三点，高师傅老远就看见他脑袋抵在肩膀上，像不倒翁一样摇来晃去，眼皮不停地打架。他悄悄卷起一摞报纸，躲到智呼声背后，朝着他的后脖颈就是一下，捶完还要得意地笑问："还瞌睡不？"智呼声一个激灵，困意顿时烟消云散。太困的时候，捶完没一会儿他又开始点头如捣蒜，这时高师傅就转变策略，使唤智呼声去打水。智呼声拿起暖壶晃了晃，发现里面还有半壶水。他虽然脑子发蒙，但还是照做。走了一圈回来，果然精神了许多。

智呼声期待高师傅能多"关照"自己，他虽然严厉得令自己发怵，但教起东西来毫不藏私，着实是个好师傅。除了基本的业务问题、理论上的银行术语，他连给顾客解答问题的技巧都手把手地教给了智呼声。学得多了，难免因为有的东西学得慢而被揍两拳或被骂上两句，智呼声虽然挨了骂，心里却美滋滋的。揍两拳就揍两拳，这么划算的学费，这么诚心的师傅，挨几句骂也太划算了。

在部队的时候，智呼声常常感觉自己能透过老班长看到薛大姐的影子。如今在单位，高师傅抬手要揍他的时候、悄悄关注他的时候，他又感觉高师傅的脸和老班长的脸渐渐重合在一起。军营生活的火热记忆依然萦绕在心头，只不过他现在不会再像刚转业时那样，被那些记忆烤得焦躁难耐。智呼声热爱自己的军旅生活，珍惜自己曾经的军人身份。现在，这份火热化成一股温暖的力量，融进他的日常工作里。与其空空怀念，不如现在继续努力。驱散刚转业时的不甘情绪，智呼声越来越觉得那段记忆在当下的工作中已然得到延续：经他手的票据像站岗的士兵一样整整齐齐地贴在粘贴单上，他过手的每一笔账都要像核查弹药一样分毫不差。在银行工作，智呼声坐着的时间远远大于能站起来活动活动的时间，他深感自己的体能比在部队的时候明显下降了。有个好身体才能有力气好好地干工作。为此，他连体能训练都捡了起来。

智呼声在这个岗位上一干就是六七年。直到 1986 年，有消息传出，说农行领导想让智呼声去保卫科当科长。大家对智呼声的岗位调动和升职都不感到意外，毕竟他在基层岗位兢兢业业干了这么久，拿先进也是家常便饭，升职是早晚的事。只是大家没想到，他的去处会是保卫科，因此一时间议论纷纷。智呼声并没有多想，坚决服从组织安排。

保卫工作涉及方方面面，不仅关乎网点的安全，还有涉及自身安全、单位的安全、现金的安全等。有参军经历的智呼声对枪械颇为熟悉，勇敢且责任心强。此外，20 世纪 80 年代，银行的保卫工作和现金出纳工作尚未分开，智呼声在记账工作期间的优异表现也是他能胜任保卫工作的重要保障。等了许久，也没等到领导找他谈话，智呼声不知道领导是出于别的考量还是有其他顾虑，正当他犹豫要不要主动去找领导谈谈的时候，领导先主动找他了。

"保卫工作是银行最重要的工作，它的工作性质艰苦且风险，工作时间也有连续性和牺牲性，因此需要一个足够坚定的人坐镇。这个人既要有过硬的政治素质为前提，毕竟保卫的是真金白银，不能滋生任何不健康的思想；又要能执行铁的制度，具备极强的组织性和原则性，而且要熟悉金融业务。我们思来想去，没有比你更合适的人选。你的业务能力有目共睹，又有部队培养出来的思想觉悟。人也聪明，能吃苦，适应能力好。怎么样，敢接这项任务吗？会不会埋怨我让你去保卫科？"

智呼声才将领导的话听了一半，就开始在脑子里构思保卫科的工作该怎么开展了：他回忆起以往和保卫科的来往，思考他们的哪些工作令人满意，哪些工作还有改进的空间。领导话音刚落，智呼声嘿嘿一笑说："用我们部队的话来说，我就是块砖，哪里需要往哪里搬。保证完成任务！"

倾囊相授的传承

俗话说"养儿方知父母心"。高师傅退休后，智呼声也当了师傅，这时他这才深刻体会到什么叫"收徒方知师傅心"。

智呼声刚听说要给他分配一个大学生当徒弟的时候十分高兴，因为他喜欢跟有文化的人打交道，而且对方可是个大学生啊。

徒弟到岗之前，智呼声着实紧张了好几天，既怕带不好人家，又怕人家觉得自己水平不够。就像当年参军一样，智呼声一直紧张到徒弟到来的那一天，结果反而轻松了——他忽然又对自己的业务能力充满自信，毕竟他可是在高师傅手底下摸爬滚打出来的，就基本功这方面来说，就算教两个徒弟也绰绰有余。

刚带徒弟的时候，智呼声十分热心，学着高师傅当年教他的样子，手把手、仔仔细细地教了两个月。但他总感觉这个年轻人身上有种奇怪的感觉。智呼声不明所以，他自认为教得没有问题，可这个大学生怎么就是怪怪的呢？说他散漫吧，布置给他的任务他都按时完成；说他积极吧，每次布置给他的任务他都卡着点儿完成，质量也就勉强过得去。遇到不会的问题，除非智呼声先发现主动去教，否则他就硬憋着不问。又观察了两三天，智呼声明白了，这感觉"似曾相识"——这名大学生和他当初刚进银行的时候一样，对工作不太上心。智呼声开始将心比心：自己当初是因为不满意这份工作，觉得它枯燥琐碎，提不起兴致，所以才不上心，难道这个大学生也是这样？当年多亏高师傅执着地拉着他，不然他不知道自己还要浑浑噩噩到什么时候。思及此，他觉得自己有必要找徒弟谈谈心。择日不如撞日，智呼声一向是个做事干脆利落的人。

"下班一起吃个饭！"

徒弟听得云里雾里的，心想智师傅对他一向很关心，但下班后找他吃饭还是头一回。思及这两个多月智师傅热情高涨地教他各种事情，而他自己却做什么都漫不经心的，提不起劲儿，他不由得有些紧张——智师傅不会是要跟自己算账吧？不应该吧？早上还好好的，没什么征兆啊。徒弟尽管心里紧张，但还是去了。胡思乱想了两三个小时，终于熬到下班。智呼声收拾了一下桌子，顺手提起办公室的垃圾袋，领着徒弟出门了。

徒弟有些后悔没主动提议吃个快餐，匆匆忙忙就跟着智师傅去了一家涮羊肉店。这里是大口吃肉、大碗喝酒的地方，他十分拘谨，显得格格不入。智呼声看着徒弟，而此时的徒弟正盯着锅。智呼声发现这个年轻的大学生或许是不好意思，不由得心里一乐——知道不好意思就还有救。于是智呼声故意不作声，任由不安的情绪在徒弟心里发酵。

"咕噜咕噜"的声音越来越大，小小的气泡此时已呈翻涌奔腾之势。

"水开了，下肉吧！"

智呼声边说边夹起几片羊肉放进锅里，徒弟如蒙大赦，也跟着一起下肉。放下筷子后，师徒二人又陷入无事可做的尴尬。徒弟正准备继续对着锅发呆，智呼声又开口了："如果不当出纳，你想去什么岗位？"

"我在这岗位挺好的，没有别的心思。"

"少来！别跟我耍这心眼儿，都是这么过来的，我还不知道你想什么？你好好说，这不是在单位，我只是大哥，不是你领导。"

"嘿嘿，如果能选，谁不想搞业务啊？会计或者信贷，都比出纳好！"徒弟看智呼声没有兴师问罪的意思，倒像真的在考虑自己的未来，加之大眼瞪小眼许久的无聊，干脆直截了当起来。

"要不说咱俩有缘分？我刚进银行的时候跟你的想法一模一样！这岗位又没意思，风险又大，整天为了几毛钱抠来算去。"智呼声越说声音越大，说到最后还拍了两下桌子，"简直无聊！"

徒弟如遇知音般狠狠地点了点头，连声附和。智呼声接着说："我那时候经常想，就这几毛几分的，缺了还不如我自己补上，算来算去的算个什么劲儿！但我为什么在这个岗位一待就是七年呢？"徒弟不自觉地睁大了眼睛。

"我师傅姓高，他对我特别严格，刚开始我每次算错账他都会帮我重算，终于有一天他忍无可忍，为几分钱的账拉着我在单位算到半夜。跟他一起算的时候，我才发现记账出纳不是我想的那么简单。我原来以为我老出错只是因为不够细心，只要我稍微认真一点儿，这工作简单得不在话下。其实根本不是，一直出错就是学艺不精，方法有问题。记账看起来简单，但就是有人老出错，有人从不出错。谁能比谁细心到哪里去呢？老师傅们有自己总结的一套方法，这就是人家的功夫。"

"原来是这样……"

"那天晚上回去，我赶紧找了个本子，把我从高师傅那儿学来的技巧写下来，后来又根据自己的经验加以增补。后来我到哪儿都带着那个小本子，只要有想法就赶紧写下来。别看记账简单，它是咱们银行所有业务的根基，账都记不好，还能搞什么业务？不会走就想跑是不可能的。"智呼声捞起锅里的肉，分别放入徒弟和自己的盘子里。

徒弟将盘子里的肉夹起放进芝麻酱碗里，羊肉的香味混着芝麻酱凉凉的绵密口感进入嘴里，他顿时觉得自己清醒了不少。

"师傅，你说得对。我确实对出纳这个岗位有情绪，而且明明自己做不好，还觉得它简单，其实我是对它不感兴趣罢了。"

"不愧是大学生，脑子就是快！我挨了师傅好几顿打才想开的事，大学生一顿饭就想开了！"

"师傅，快别叫我大学生了，我连记个账都记得一塌糊涂，叫我大学生我都臊得慌！"放下了包袱，徒弟也哈哈大笑起来。

"这有什么！你是大学生，又不是会计专业的大学生，不会很正常。我是部队转业过来的，刚来的时候也是什么都不会。只要好好用心学，把基础打牢，还怕没机会搞业务吗？"

"我父亲以前跟我说过一句话，咱俩有缘分，我今天把这句话送给你：自己的路是靠自己走出来的，给你一块好土地，你把苗子种下去就不管了，那能长好吗？"

羊肉的香气伴着锅里蒸腾而出的热气一起汇入店里的嘈杂声中，两人你一言我一语，一直聊到月上梢头。

自此之后，徒弟虽不至于说变了个人，但工作态度确实比以前好了许多，虽然偶尔还是出错，却不再漫不经心。慢慢地，徒弟出错的频率越来越低，一年多以后，他已经能独当一面了。他成了反洗钱的一把好手，嗅觉敏锐，胆子也够大，敢于当面询问客户相关情况。偶尔过于谨慎，惹得客户不快，他也会大庭广众之下诚恳地向对方道歉，客户或表示理解，或拂袖而去，都不会给他造成太大的心理负担，从而影响他下一次的发挥，再遇到可疑情况，他照样该问还是继续要问。此外，他识别假钞的功夫也是一绝。混在半新不旧的真钞里的假钞，他不用眼睛看，点钞的时候听声音就能听出来，这门功夫连智呼声也自愧不如。在和智呼声共事的五年里，他年年都被评为先进，第六年终于如愿以偿地调到信贷部。调走的时候，智呼声挺舍不得他，他的业务能力好的智呼声不想放他离开，但他也真心为徒弟能调到自己心仪的岗位而开心。欣慰与不舍交织，这难道就是送孩子上大学的感觉吗？

第五章　平淡中坚守

扫码解锁

◉群英颂歌 ◉敬业奉献
◉守护财安 ◉奋斗底色

始终如一的原则

1986 年，智呼声被任命为中国农业银行呼和浩特市分行出纳保卫科副科长，负责金库安全保卫、现金接送、调拨等工作。

这着实是一项辛苦的工作。智呼声所在营业部地跨 1 市 5 县，全辖 55 个城区网点、15 个县域网点、20 个离行式自助银行。其中，最远的网点在距市区 150 多公里的县域内，不仅路途遥远，而且路况极差，狂风暴雨、大雪封路都是家常便饭。智呼声每天都像个上满发条的闹钟一样忙得脚不沾地，既要统筹协调数辆运钞车的调配，又要坚持亲自跟车押钞。退休多年后，谈起自己的工作日常，智呼声精神矍铄，丝毫不显疲惫，仿佛又回到那些充实的岁月。

早晨六点半，晨曦微露，空气中尚有一层朦胧的寒气尚未散尽。大街上静悄悄的，清洁工的扫帚扫在地上的"沙沙"声好似空谷回音，偶有一辆车呼啸而过，车灯穿透雾气，"唰"一声消失不见，让人分不清它是真的来过还是只是一场梦。居民楼内漆黑一片，此时，智呼声已经悄悄出门。智呼声骑着他那辆半新不旧的自行车走在街上，此时街上几乎没有来往的行人和车辆，他一边看着

⊙ 2005年，智呼声（中间）和同事分析市区各营业网点周边的安全情况

太阳逐渐升起，一边在心里计划着今天的工作。到单位后，智呼声习惯性地检查办公楼内和金库周边的安全情况，回放中心金库区晚间的安全监控录像。做完这些，他又本能地环视一下办公室，看看是否有杂乱的地方尚未清理。智呼声从小就爱打扫卫生，参军后更是见不得一点儿脏乱，这个习惯他一直保留到现在。同事陆陆续续到岗后，他正式开始一天的工作：监督款包、枪支出库情况和运钞车车况，安排款车给各营业点送款，他本人也在押车行列。他早晨把款送到，白天押车调送，晚上再把款收回，一天行程200多公里。有时遇到雨雪天气，路况不好，就得提前两个小时出发，才能确保款项准时到达。

虽然辛苦，智呼声却很喜欢这份工作。之前的记账员工作，他也是认真对待的，但那是出于他想把每件事、每份工作都做好的责任感。他更喜欢保卫科的工作，这份工作简直是为他量身定做的。智呼声儿时童言无忌，说长大想去银行数钱，少年时他又想成为一名保家卫国的战士，没想到有朝一日这两个梦想能在银行保卫科的岗位上一起实现。现在他既能在银行"数钱"，又能做个"战士"。解放军战士守卫国家，他这个战士守卫国家的"金山"和人民的"钱袋子"。这种梦想成真的感觉，加上他的参军经历与记账时打下的坚实的银行业务基本功，让他在工作中干劲十足。

保卫科的工作强度大、风险高、持续时间长，但智呼声从不抱怨，也不偷懒。在一个周末的傍晚，太阳的余热仍未消散，智呼声和同事们正要下班，一股热气便从门口吹了进来。他抬头一看，看见几个人推开营业厅的玻璃门走进来。

"你们要下班了吗？我们是农机局的，想存钱。"其中一个人说话间腾出手，将快从额角汇入眼睛的汗抹掉。

"现金比较多，拿在手里怕不安全，帮帮忙嘛。"另一个人补充道。

"我们是快要下班了，不过没关系，咱们开始吧。"

那人擦完汗手，脚麻利地将装着现金的包放在柜台上，随即拉开包，里面是一大堆面额不一的现金。

智呼声和同事们愣了一下，二话不说就开始清点现金。农机局的同志站在一边，神色略显尴尬，像是不好意思，又像是没想到智呼声和他的同事们会痛痛快快地答应加班。原来，农机局的同志以为自己带这么多面额不一的现金，还在银行临下班的时候才上门，银行肯定不会接待，于是他们抱着试一试的态度来碰碰运气。没想到大家这么干脆，他们心里又感激又有些不好意思。众人清点现金直到晚上九点多。看着街边路灯亮起，智呼声仿佛又回到刚转业时被高师傅拉着彻夜算账的时候。只是一晃神的工夫，一股莫名的满足感、成就感涌上他的心头。

"今天太感谢你们了，耽误你们下班了。"

"这是我们的工作嘛！"

"害得你们都没吃晚饭，我们请你们吃饭吧，实在是不好意思！"

"不用不用，千万别，我们干的就是守钱袋子的活儿，怎么能从你们钱袋子里往外掏钱？"

农机局的同志不知道，其实这就是智呼声一行人的工作常态——无论寒暑，不管春秋，酷暑难耐也好，风和日丽也罢，他们对每一个客户都是如此，所以无须特别感谢。曾经，一家公司的交款员因为粗心大意，多交了 1047 元。智呼声反复核对，确定是多交款后，第二天亲自带着这 1047 元去交款单位送还余款。在 20 世纪 80 年代，1047 元不是个小数目。交款员自信地认为自己不会出错，在智呼声反复劝说并耐心描述当时的交款情况后，她才在现金账上发现错误，惊呼："要不是你，我就说不清了！"

从 1986 年至 1996 年，智呼声和部门同事共为客户退款 250 多次，累计金额 39 万多元。

遍布呼市的脚步

除了日常的现金押送，智呼声还要奔波在农行呼和浩特支行所属 5 个旗县行的众多网点搞调研，检查金库、枪支管理、现金的管理情况，并详细记录金库保卫工作存在的不足。在检查过程中，他发现当时基层金库值班人员的待遇偏低，值一个夜班的补助只有两毛钱。保卫工作的辛苦众所周知，他们常年栉风沐雨、早出

⊙ 智呼声（左一）在基层营业网点检查安全保卫工作

晚归，加上网点分散，社会环境日益复杂，工作风险也在不断提高。作为保卫部门的领导，智呼声深知只有关心爱护下属，切切实实体谅他们的难处，帮助他们解决实际困难，才能和他们同舟共济，并在关键时刻形成合力。以智呼声一贯严谨、亲和的作风，他自然是要亲自去基层看看，了解真实情况。于是，他白天在单位上班，晚上带着咸菜焙子（当地的一种面食）和方便面开车到基层单位做调研。

清水河县离呼和浩特市区有100多公里，车程需两个多小时。智呼声和司机一路颠簸，到达值班室的时候天色已晚。智呼声搓着手推开值班室的门，发现狭小的值班室里开着一盏昏黄的灯，小小的窗子被报纸糊了一圈，依稀可见几片纸絮被冷风吹得轻轻飘起。一个身形偏瘦的男人坐在火炉前，时而将手伸到火炉边烤一会儿，再在脸上、耳朵上搓几下；时而把手指蜷成拳头伸展一下，再重新放回火炉边。听到门口的动静，他警惕地看向门外，发现是智呼声和司机后，随即露出憨厚的笑容，赶紧请他们进来坐。

这时，智呼声才看清男人的脸——他戴一顶黑色的毛线帽，双颊像苹果一样红，围着一条黑色的围巾。在男人的招呼下，智呼声跟司机同他一起坐在火炉旁。刚一坐下，智呼声就感受到从窗子缝隙挤进来的冷风。

“没啥事，就是来看看你们。”

“哦哦，谢谢领导关心。”

“咦？不是双人值班吗？怎么就你一个，另一个人呢？”

"他啊，我们又冷又饿的，所以他去老乡家找点吃的，马上就回来。"

智呼声环视一圈，被这里艰苦的环境所震惊，又询问了一些待遇和工作方面的问题，发现和他之前了解的基本一致。不一会儿，门又开了，另一个值班人员回来了。这个小伙子长得更壮实点，也更黑一点儿，脸上也透出苹果红，他手里拿着两个铁皮饭盒。看到智呼声，小伙子顿了一下，不知道自己出去找吃的的行为是不是正好被抓了个现行，随即忐忑起来。智呼声还沉浸在对这里艰苦条件的震惊中，哪里顾得上这些？连忙叫他进来坐。

"听说你去找吃的了？看你笑得这么开心，一定找到了吧？"

"找到了，找到了。"小伙子嘿嘿一笑，赶紧打开铁皮饭盒。

"领导，你们吃了吗？你吃。"

智呼声仔细一看，一盒是浅褐色的莜面，一盒是两个硬馒头，两盒饭都冰冰凉的。智呼声沉默了，那小伙子见状赶忙把饭盒放到炉子上加热。

智呼声把咸菜焙子和方便面从车上拿下来交给两个年轻人，随后叮嘱几句就走了。一路上，智呼声沉默不语，那个狭小的房间，那两盒莜面和馒头在他脑海里挥之不去。他决定再往深处走一走——县里都这么艰苦，镇上岂不是更甚？

不久之后，智呼声在车上备足咸菜焙子和方便面，还是在一个晚上，来到武川县西乌兰不浪镇。武川县比清水河县离呼和浩特市区更近，但武川县的地形条件比清水河县更差，将近一半都是山地丘陵。到西乌兰不浪镇的农行营业室时，值班人员正在吃饭。智呼声走近一看，火炉上架着一个铁盆，盆里烧着热水，里面飘着些玉米粒，那些就是他们的晚饭。智呼声再次被震惊。

"原来基层保卫人员过得这么苦！"这句话不断在智呼声耳边回响。他赶紧跑到车上，把咸菜焙子和方便面都搬到营业室，又从身上摸出来二十块钱交给司机，让司机去附近的供销社买点吃的，再买些鸡蛋回来。东西备齐后，智呼声跟司机和值班人员一起吃了顿饭，听他们讲了更多基层保卫工作的细节。值班人员不好意思地说："领导想了解情况，说一声我们打个报告上去您看就行了，还辛苦您跑一趟。"

"实践出真知嘛，我该多搞搞调研。"智呼声笑着说。

当天晚上，智呼声没有像往常一样连夜返回呼和浩特，而是和值班人员一起在办公桌上睡了一夜。一觉醒来，他的鼻子冻得几乎感觉不到它的存在，手麻脚胀，胃里咕噜作响，打了两个长长的嗝才有所缓解。

回去的路上，智呼声一直在琢磨该怎么改变这种现状。最终，他认为解决这个问题应该从两方面入手：一方面，要提高基层工作人员的待遇标准，用好待遇去安抚条件的艰苦；另一方面，要加强基层金库的硬件建设，这不仅能改善基层人员的工作环境，也能减轻他们的工作压力。回去之后，他将这两个建议写成调研报告交给银行领导。"加强金库硬件建设"这一建议戳中当时银行安保系统的痛点，农行领导虽然也有过这方面想法，但碍于资金、

⊙ 2005年，智呼声（右）在市区城乡接合部检查营业网点的安全情况

人员等一系列因素，不得不将其搁置。既然智呼声提出这个建议，那不妨交给他去办。而智呼声也不负重托，虽然经历一些波折，但最终还是圆满完成了任务。

令人愉悦的"差评"

20 世纪八九十年代，改革开放的浪潮席卷全国，市场经济的种子实现从萌芽到蓬勃生长的跨越。

随着我国国民经济建设的迅速发展，金融系统在社会生活中发挥着越来越重要的作用。与此同时，针对银行的犯罪行为也急剧增加，尤其是暴力犯罪，银行的金库、营业点和储蓄所以及运钞车成为不法分子袭击的目标。在市场经济的作用下，各家银行普遍选择将更多的资金和精力投入能直接为他们带来经济效益的信贷等实际盈利业务上。当时，安保设施落后、安保制度松散是银行业的通病，加之大多数银行尚未实现安保系统与公安系统的联网，也没有安装防弹玻璃，导致犯罪行为一旦发生就是大案要案，国家和人民的财产安全以及银行工作人员的人身安全都受到极大威胁。

前车之鉴，触目惊心。农行呼和浩特支行的基建已经十分老旧，急需改造！领导同意智呼声的提议，并把加强安保基础建设的任务交给他。智呼声顿时踌躇满志。他并非不知道这是个苦差事，也并非预想不到这件事可能遇到的阻碍，但智呼声坚持自己的"处世哲学"：不论是多大的事，遇到多大的困难，他都觉得像扛沙袋一样，只要坚持住就一定能扛完。妻子说他这不叫哲学，应该叫愚公移山。他笑道："我这是'智'者移山！"

当时，农业银行呼和浩特市分行还没有跟110报警系统联网，只有个别网点安装了防弹玻璃。所谓的报警系统，只是个惊吓式的小喇叭，触发后除了发出响声吓唬歹徒，没有其他实质作用。至于柜台，更是简陋不堪——80%的网点都是木质柜台，用木头搭个框架，外面包层板，既不安全也不实用。条件好一点的网点柜台是用砖砌成的，但也只是单表墙，连二四墙的标准都达不到。柜台上的铁栏杆看着像似坚固，实际是空心铁管，都不需要用电锯，一拉就断了。智呼声不由得想：这样的条件，再怎么加强人防也没用，难道指望营业员跟翻越柜台、拿着凶器的歹徒肉搏吗？

智呼声是个行动派，他立马就开始调研。他一方面学习其他省市银行的先进经验和惨痛教训，另一方面深入了解本单位的实际情况，积极听取基层员工的意见和建议。琢磨了几天，他觉得还是得从人防和技防两方面同时入手，双管齐下。在落实人防方面，智呼声没费太大力气。他把中国人民银行的相关制度结合实际情况进一步细化，组织保卫科的同志学习公安部有关出纳保卫方面的规章制度。同时，他定期对金库、运款车、营业室、储蓄所、枪支弹药及报警装备进行安全检查。人防最重要的是以身作则。

规章制度基本是现成的，细化起来不算太难。但保卫工作日复一日、年复一年的重复枯燥容易导致工作人员精神疲惫，对规章制度执行不到位。一旦工作人员抱有侥幸心理，不法分子就会有机可乘。智呼声深知自己必须当好这个表率，毕竟如果连领头大哥都偷懒，其他人就更有偷懒的理由了。因此，智呼声尽可能事事亲力亲为，穿梭在本单位和各个网点之间。尽管忙碌，但只要能把队伍带起来，他就知足了。

相比人防，技防可谓困难重重，正所谓"巧妇难为无米之炊"，归根到底还是资金问题。在总资金固定的情况下，如果给技防拨款，能投到业务上的钱就会变少。款项投入业务上能挣回来更多的钱，而把钱投到安全防范上难以见到直接的经济回报。况且本单位近几年没有发生过恶性事件，所以有的领导不想在这方面投入更多资金也情有可原。但智呼声坚持认为，安全防范的投入不能用值不值来衡量，事故只要发生一次，后果就将是不可挽回的。

智呼声自认为这小半辈子他最引以为傲的本事之一就是能熬，他现在继续发挥这项特长，在领导之间反复游说，动之以情、晓之以理。有的领导被他缠怕了，干脆躲着他。在智呼声的软磨硬泡下，领导终于有了松口的迹象，他赶紧抓住时机立军令状，保证自己能花最少的钱把工作干得漂漂亮亮。

单位通过招标找好施工单位后，改造升级工作终于开始了。然而，智呼声还没高兴几天，就又听到新的风声。有人说他干这活儿，是为了中饱私囊。智呼声气不打一处来，与其说是生气，

⊙ 1999年，智呼声在办公室留影

不如说是委屈。保卫工作做好了，所有人都受益；安全有风险，大家都提心吊胆。为了节省经费，智呼声每天亲自监工，连半块砖头都舍不得扔，施工队要拉走清理的垃圾他都要再三检查还有没有可以继续利用的，生怕施工队有一点儿浪费。没想到还有人这么说。又过了几天，有同事私下里告诉他，对他不满的人在背后搞调查，都问到施工单位去了。同事忧心忡忡地劝智呼声提前向领导解释一下，智呼声无奈地笑了。

"管天管地，咱还能管住别人怎么说话？身正不怕影子斜，我忙得脚不沾地的，哪有工夫理他们？随他们闹去吧。"

这件事后来倒也没掀起什么大风浪，就像在湖面上扔个石子，不论激起多大涟漪，总是要恢复平静的，智呼声听说施工单位给那些人的答复是："智呼声这个人，简直是油盐不进！"他头一回觉得"油盐不进"竟然是个如此悦耳的褒义词。

忙完施工后，智呼声又趁热打铁，忙活起银行报警系统和110报警系统的联网工作。在当时的呼和浩特市的商业银行里，这么干还是头一回。可想而知，这项工作面临着技术难度大、可借鉴经验少等问题。智呼声全力配合公安部门的同志，又多番查找关于其他省市商业银行跟公安联网的先进经验。虽然困难重重，可他最终还是把这件事办妥了。过去银行那种"惊吓式"的报警系统已成为历史，新的银行报警系统一经触发，公安局110指挥中心的屏幕就会精准显示出事的网点，配合监控使用，能让警方迅速了解网点内的情况，从而方便快速、有针对性地出警。忙完这一工作，智呼声又马不停蹄地张罗着要给柜台安装防弹玻璃。

有关智呼声的非议就像倒进油锅里的水，油烧得越热，炸得越厉害。但等油锅烧到沸腾，慢慢冷却下来后，就会再次归于平静。智呼声看着自己干成的这几项工作，心里甚是满意。这不仅是因为自己的工作得到了大家的认可和理解，年年扛走呼和浩特市委员会、市政府社会治安综合治理委员会的先进大旗，更因为他从心里觉得这是一项前人栽树、后人乘凉的艰巨任务。安全有了保障，同志们工作起来才能更放心、更顺畅，领导也能有更多精力投入业务。并且，就算自己离开保卫科或者退休了，这些改造后的基建、防弹玻璃、监控，以及跟公安部门的联网系统，也会一直守护着这里。

第六章　风雨中凝聚

 扫码解锁

◎群英颂歌 ◎敬业奉献

◎守护财安 ◎奋斗底色

亲如兄弟

1996 年，为使所辖营业机构的现金库存更加合理，进一步提高保卫和现金部门对营业网点的服务能力，并确保运钞、枪支使用管理的安全，中国农业银行呼和浩特分行决定专门成立一个"守押现金中心"。该中心将集中管理呼和浩特地区农业银行营业机构的全部库存现金，以便调配并减少非生息资金的占用。同时，分设银行出纳和会计，成立中心库，主要针对 70 多个营业网点开展接送、押运、付款、保卫、整点款等工作。这项工作史无前例——新成立一个如此庞大、职能如此复杂的机构，不是一件轻松的事情，它涉及金库基建、人员选用、制度制定等多方面的工作。鉴于智呼声在以往工作中的出色表现，领导把这个重任交给他。于是，智呼声走马上任，成为呼和浩特市农业银行守押中心主任兼保卫部经理。

新的岗位乍一听威风凛凛，实则困难重重。这个刚成立的部门，除了智呼声这个主任，什么也没有——别说金库和安保设备了，连其他员工都没有。智呼声想了想，这么大的摊子，如果全靠他自己，肯定是干不过来的，得选拔一批可靠的人共同奋斗。

琢磨了几天后，智呼声去找领导，先是把可能遇到的各种困难一一列举，颇有打退堂鼓之意。然而，领导听完却并不在意，笑呵呵地问他："赶紧说你又想干什么吧，别以为我不知道你葫芦里卖什么药，越难你越要干！"

智呼声一看自己的心思这么快就被领导看穿了，也不再绕弯子，直截了当地提出由自己去下面的支行选拔这个新部门的人员。他的标准就两条：第一，退伍军人；第二，党员。退伍军人接受过部队的磨炼，组织性、纪律性强，又能吃苦耐劳。而且退伍军人的性格直率，很多事情只要是出于公心，他们发发火很快就过去了，彼此都能理解这种工作和成长方式。而党员有组织原则性和奉献精神。领导答应了智呼声的要求，于是他又开始忙碌的调研工作。没多久，智呼声就基本选齐了人员。

智呼声选了七八十号人，他对自己选的人特别满意。不论是清点，还是押运司机、守库人员，都非常尽职尽责。大家在工作中合作愉快，互相欣赏，生活中也相处融洽。智呼声喜欢用"弟兄们""同志们"来称呼这些同事，这既体现出志同道合的豪情，又有点儿家的味道。实际上，他的确像这个大家庭的兄长。万家团圆的春节，为了能让弟兄们安心、平安地欢度佳节，智呼声连续28年自愿在春节值班。大年三十晚上，妻子给他送来饺子，掀开盖子，缕缕热气伴着香味飘进鼻子。智呼声夹起一个饺子，和妻子相视而笑。保卫工作压力大又磨人，为了让同志们得到更多休息时间以养精蓄锐，智呼声经常帮大家顶班。除正常的8小时工作时间以外，几十年来，智呼声累计牺牲节假日3000多天，额外付出6万多个小时的劳动，深入营业网点安全检查，累计行程达 150 多万公里。当一位同事生病住院需要做手术的时候，智呼声下班后连饭都顾不上吃一口，就跑去医院陪床，送水送饭，对其悉心照料。智呼声的热心解了这位同事父母的燃眉之急，老两口感动地说："你真是比他亲哥还亲呀，要不是你，我们真不知道该怎么办了。"

人与人之间的相处是真心换真心。智呼声的真心同样得到同事们的真心。智呼声对工作要求极高，在很多人看来甚至到了吹毛求疵的程度，但大家总能协调配合着把事情办好，从不出纰漏。

每当智呼声疲惫的时候，心里就想：当初是我把大家聚到一起干这份事业，如果我自己坚持不住跑了，我怎么对得起这些信任我的同事？想到那些由期待转向失落的眼神，想到他的离开可能会成为其他人离开的催化剂，智呼声宽慰自己：再坚持坚持吧。就这样，坚持着坚持着，这一坚持就是一辈子。

精打细算

部门人员选配结束后，最重要的一项工作——金库基建就被提上日程。从刚接到筹建守押现金中心这个任务的时候开始，智呼声心里就开始默默思索这件事。中国人民银行在金库建设这方面有基本的制度和标准，但制度和图纸是死的，人是活的。智呼声一直在琢磨，如何灵活运用这些制度和标准，才能把这个金库建设得更加坚不可摧。

然而，摆在这个美好愿望前面的一座大山，依然是他在保卫科当科长，主持技防升级时就遇到的老大难问题——资金短缺。智呼声走在路上，脑子里算盘打得噼里啪啦直响。他算来算去，耳边只剩一句"一分钱难倒英雄汉"。说到底，资金问题的解决办法只有开源节流。虽然清楚"开源"的希望渺茫，但智呼声还是去努力争取了一下，结果还是无功而返。且不说当时银行的各项资金短缺，没有多余的钱用于金库基建，就算看在智呼声以往会省钱的份上，领导也得让他试试"节流"的办法。

按照中国人民银行给出的金库建设标准，金库的墙体应该是六面浇筑，厚度应达到 60 厘米，且需设置 4 张网。智呼声原本琢磨的方案是把 4 张网增加到 5 张，以增加金库的抗打、抗压、抗震能力。结果第五张网的钱还没有着落，工期就已如约而至。智呼声只能延续在保卫科的经验，亲自到施工现场监工，走一步看一步，尽量节省开支。他一边观察施工过程，一边跟施工单位的工头搞好关系，还真让他想到了一个办法。施工用的螺纹钢每天会剩下一些边角料，这些边角料被堆放在无人在意的角落，积累到一定程度后，施工队就会叫收废品的来拉走。他看着这堆"破铜烂铁"，两眼冒光——这哪是"破铜烂铁"啊，这是他金库的铜墙铁壁啊！智呼声盯着这些未成型的"铜墙铁壁"好几天，思索之后觉得这些螺纹钢边角料确实是好钢材，但是利用起来比较费事。用整根的螺纹钢很快就能做完的网，用边角料要缝缝补补好长时间。虽说工费比材料费便宜不少，但对精打细算过日子的智呼声来说，这也是一笔不小的费用。于是，他继续跟工头搞好关系，假装对这些边角料被拉走可惜，询问这些边角料焊接起来是否还能使用。

"当然，就是焊起来麻烦点儿。"

"那让他们拉走也是白拉走了，要不我们留下焊上，试试能不能用吧？"智呼声试探着问工头。

工头心领神会，想到智呼声是个实在人，便爽快地答应试试。一试发现还真行，而且由于编的钢筋网大小基本一致，又是四四方方的，焊接边角料也没有想象中的那么麻烦，工头便痛痛快快地应承了，末了还感叹一句："你这人真会过日子啊！"

智呼声喜出望外，为了表示自己的谢意，也为了能顺便再看看其他地方有没有能节省或者废物利用的，他还时不时帮忙干点儿活，帮着搬钢筋、扛水泥。他在部队的时候参与过修建国防工程，这几年也在坚持锻炼身体，干起活儿来毫不含糊。他又有力气，学东西又快，工头和工人们对这个领导颇为佩服，

认为智呼声与他们想象中穿着衬衫、端着茶杯坐在办公室的领导形象大为不同。智呼声干活儿的时候有模有样，活脱脱就是他们中的一员。

施工结束后，智呼声又用省下来的钱给金库安装防盗系统。至此，金库基建告一段落。在制度的制定上，智呼声如法炮制。他把中国人民银行规定的双人金库制度改为四人，将密码和钥匙分别拆分交给这四个人。押运员制度也是如此，越细化越好，力求把责任具体落实到每个人头上。

忙完这些，智呼声很满意。负责验收的公安局和中国人民银行的同志震惊又赞叹——没超预算，还超额完成任务。尤其是第五张网，人民银行的同志看了又看，问智呼声从哪儿弄来的。智呼声颇为得意地说明原委，人民银行的同志听完，由衷地说了一句："老智，你真抠门儿！"

"咱也是苦过的人，过日子嘛，不丢人。"

2007年，呼和浩特市农行开展辖区内基层网点安防设施改造工程。考虑到智呼声的经验和"抠门儿"，领导再次将这个任务交给他。果然，他对每项费用都进行精打细算，施工前请技术人员预先对施工项目进行评估，在确保工程质量和工期的前提下，再慢慢跟施工承包方讲价，能回收利用的材料绝不浪费，努力把工程费用降到最低。这项工程再次被评为优良工程，智呼声也再次得到包工头的评价，"干了这么多年活儿，没见过像你这么认真的！"

迎难而上

筹备守押现金中心的担子重，但这项工作的完成并不意味着智呼声可以停下脚步，欣赏自己的劳动成果并功成身退。相反，随着守押现金中心的正式完备，他的工作才步入正轨。

守押现金中心的成立是为了提高保卫和现金部门对营业网点

⊙ 1999年，智呼声为参加内蒙古自治区中国农业银行系统内安全保卫工作会准备材料

的服务能力，确保运钞、枪支使用管理的安全，其主要职责包括为70多个营业网点提供接送、押运、付款、保卫、整点款等服务，其中，现金的调配是所有工作的重中之重。守押现金中心要根据各个网点的需要，调拨现金到各个网点，晚上再到各个网点收回现金。这看似是个简单机械的工作，实则非常复杂。仅仅是计算每个网点应调拨和回笼的资金量，就是一项技术活儿。过去，有的网点或出于偷懒，或为自己行方便，扣着巨大的核定额不如期交回，导致库存现金积压在某几个网点，得不到充分的利用。这不仅会使银行损失可能产生的利息，还会给网点带来不必要的风险。

这个问题早就摆到明面上，但由于解决起来难度太大，便一直搁置，以至于现在众人习以为常，也就没人再想着去解决这个问题。然而智呼声除外。有人说对这种"陈年老病"睁一只眼闭一只眼吧，大家都知道这是个顽疾，不会有人说什么的。智呼声当然不听，他积极调研，发现一旦解决这个问题，就能给银行带来不少收益。他先是苦口婆心地劝说网点的负责人，希望他们能把单位的事当自己家的事办，自己兜里有余钱，还想存银行挣点儿利息，银行的钱也是一样。这招虽然奏效，但只有一部分网点听从他的建议。智呼声心想，看来不能光靠网点的自觉性，得从自己身上想办法。

思来想去，智呼声也没想出什么行之有效的好办法。但没有好办法，问题依然不能放着，还是要解决。没有巧办法，还有笨办法：只能加大守押现金中心的工作量，实现随交随调，确保资金的灵活流通。这个办法虽然简单但既管用又省钱，得到领导的大力支持，毕竟除了经济效益，网点存放大量现金还存在安全隐患。在领导和同事的帮助下，这个办法得以顺利推行，各个网点也积极配合。本部门的同事看在眼里，也都支持他。智呼声秉持高师傅当年对他的态度，只要有人工作没完成，他就陪着一起清点，日暮西山也好，华灯初上也罢，同事加班到几时，他就陪到几时。用他的话来说，这叫"用心带一支队伍"。多年来，智呼声和同事们先后经手两万多亿元现金，回笼放入资金从未出现过差错。在那个年代，哪怕在整个金融行业，这都是一个不可思议的数字。

现金安全的守备不仅要防范刑事犯罪，还要警惕洗钱活动和监守自盗。在智呼声工作的年代，移动支付尚未兴起，他退休的时候现金支付依然是主要的支付方式。不同于移动支付笔笔账目都有迹可循，现金流向的追查难度很大。不法分子将非法所得换个名头，再从银行取出，使其在形式上合法化，这就是洗钱。只要是商业银行，就面对着反洗钱的挑战，智呼声所在的农业银行也不例外。有的客户账目上很少长期存放资金，却会频繁地转入、取出大量现金，智呼声就从中嗅到了洗钱的味道。但银行的处境比较尴尬，一方面怀疑对方有洗钱嫌疑，另一方面客户要取钱总不能不给。无奈之下，智呼声向公安部门的同志请教。公安部门同样感到无奈，对洗钱问题也没有有效的解决办法。两个"无奈"凑到一起一合计，要是彼此合作，互通消息，多打几个问号，是不是会有意外收获呢？

　　智呼声和同事们在银行这边盯着资金大进大出的客户，其中不乏一些跟银行关系不错的老客户。只要怀疑有问题，他们就多问几句，无法判定时就及时通知公安部门，由公安部门监督资金走向。有一个客户给智呼声留下了比较深印象，他的账户总是支票进来，现金出去，智呼声和同事们怀疑有问题，却怎么也找不出证据。直到这个客户第四次来办业务，他们在公安部门的配合下一举将其抓获。此人替别人做中间人洗钱，前前后后洗钱金额达7000多万元，最后被判有期徒刑11年。

　　在智呼声和同事们的努力下，他所在的单位几十年来从未发生过一起责任事故和刑事案件，在呼和浩特地区公安部门的历次安全保卫工作检查评比中一直名列前茅，连续20多年被呼和浩特市委员会、市政府授予社会治安综合治理先进单位称号。同时，智呼声所在的单位还荣获全国金融系统现金管理、投放、回笼整点标兵单位称号。中国人民银行曾专门组织全国各家商业银行分管现金出纳管理工作的行长和主任在呼和浩特召开现场会，推广智呼声及其团队的先进经验。

第七章　歉疚中奉献

扫码解锁

◉群英颂歌 ◉敬业奉献
◉守护财安 ◉奋斗底色

难以两全的责任

2000年4月，智呼声第二次被评为"全国劳动模范"。荣誉并没有给他忙碌的工作按下暂停键，而是给他这台上满发条的闹钟加了润滑油。他依然每天早晨六点半准时骑着自行车出门，晚上迎着夜色回家。好似一切风平浪静，然而，生活的变故正在宁静中悄然而至。

10月的一天，智呼声正在单位执行接款任务，突然接到妹妹的电话。妹妹很少在工作时间给他打电话，一股强烈的不安从智呼声心头升起。

"怎么回事？"

"爸蹲在厨房地上择豆子，择完刚要站起来就摔倒了！幸亏没摔晕过去，爬到电话跟前给我打了电话。我打120把他送到医院，医生说查出来是脑血栓，你快过来吧！"

"你先不要慌，和弟弟先守着，我正执行一个特殊任务，实在走不开，我下班就立马过去。"

"爸都这样了，你还执行什么特殊任务？！"

妹妹没好气地挂断了电话，智呼声心急如焚，颤抖着放下电话，张开攥成拳的手，把掌心的汗狠狠擦在裤子侧边，又抬手捂在脸上，强迫自己冷静下来。他知道，父亲已经被送到医院，母亲和弟弟妹妹都守在那里，自己过去也起不到特别的作用。工作这里实在走不开，而且父亲摔倒后给妹妹打电话，没给自己打，也是因为父亲了解他工作性质特殊，知道他忙。

冷静归冷静，毕竟是自己最亲的人突发脑血栓躺在病房里，智呼声怎能不急？他痛苦地来回搓着脸，越搓越快，直到感到脸颊火辣辣的，才重重叹了口气，继续投入工作。他一下班就冲到医院。推开病房门，智呼声看见父亲虚弱地躺在病床上，双目紧闭，床边是垂泪的母亲。妹妹坐在陪床的椅子上，弟弟正站在床尾定定地看着父亲。听到门口的动静，三人齐刷刷地看向智呼声。妹妹瞪着他，眼里含泪："你就好好表现吧！你就为了你的荣誉活着吧！"

"我实在是走不开，我要是走了，如果银行的车在路上出事了，这责任可就大了。"

"就你有理！就你有工作！"

"爸爸醒来要是知道我因为他耽误了单位的事，肯定也会气坏的。"

妹妹扭过头不再言语，平时一向很少发脾气的母亲接过话头，声泪俱下地指责智呼声。看着父亲脸上氧气罩里不断出现又消失的白雾，听着母亲严厉的责备，智呼声再也忍不住了，豆大的眼泪从这个坚强的中年人眼中不断涌出。待母亲发泄完情绪后，智呼声的眼泪才逐渐收住，病房里陷入一片沉默。智呼声平复一下情绪，抓着母亲的手耐心地解释。好在母亲也是在银行工作过的人，发泄过情绪后，她也明白智呼声说得对。她抹掉眼泪，看到儿子憔悴的脸和被风吹得凌乱的头发，一阵心疼。

⊙ 智呼声（前右）童年时和父亲及弟弟妹妹合影

"那晚上你陪你爸吧。"

"那肯定，就算你们不让我陪，我也是一定要陪的。"

智呼声知道母亲这是松口了，赶紧应下，心中一阵酸楚，只期盼父亲能早点儿醒过来。

一连好几天，妹妹还是一句话都不跟智呼声说，看到他就讪讪地走开。

"你就和你的荣誉过吧！"这句话智呼声记了很多年。退休后回首过去，智呼声惊觉自己确实为了工作对家人亏欠太多。无论是女儿住院还是妻子生病，他都不曾请过一天假。白天在单位工作，晚上来医院陪床，他像个陀螺一样连轴转。他连续26年在值班岗位吃着妻子送来的饺子度过春节，甚至曾经抚养自己的姥姥在天津病故，他也因为工作无法随父母一同回天津办丧事。

一边是热爱的工作，一边是至亲的家人，而当二者难以两全的时候，痛苦是人之常情。智呼声允许自己痛苦，但不允许自己犹豫。他知道，如果因为自己的个人原因请假，单位的工作就要压在其他同事肩上，智呼声不想这样。朋友问他："那你的同事、下属请假，你也不给假吗？"智呼声说："怎么可能！具体问题具体分析嘛！"

智呼声努力在坚守工作岗位和陪伴家人之间寻求平衡。2003年，智呼声的弟弟先是患上肺癌，而后又转成食管癌。身为家中长子，智呼声赶紧安排妻子到医院照顾弟弟，又小心翼翼地向父母说明情况，开导他们。从弟弟住院做手术到最终不幸病逝的三年多时间里，智呼声始终坚持白天上班，晚上去医院陪床，还要抽空回家看望父母，忙得脚不沾地。长期的过度劳累，加上饮食不规律，2006年，智呼声的胃病和肾病开始频繁发作时而疼得直不起腰，时而脚肿得穿不上鞋。但他宁可偷偷藏起医生的诊断书和全休假条，也不愿意耽误工作。

有人问智呼声，从事如此高强度、高风险的工作，要时刻紧绷脑子里那根弦，不容出丝毫差错，几十年从不请假，会不会感觉很累，有没有过想休息的时候？智呼声哈哈一笑："我也是人，怎么可能不累，怎么会不想休息？我甚至想过要不要换个轻松的岗位待着，但是那只是我太累时的想法。我会发发牢骚，可我是不会停下的。往大了说，这不仅是我的工作，更是我的事业。我享受克服困难、实现当初给领导和党组织的承诺的感觉，这种感觉美滋滋的。我得干到退休，培养出下一代接班人，把队伍带出来，我才能放心退休。往小了说，咱得对得起自己家人和这帮跟着我干的同事吧！我的同事们，他们也知道这工作又累又苦，当初愿意跟着我干，那是信任我。如果我自己坚持不下去跑了，那算怎么回事？我老伴儿为我付出那么多，就想看我把事业干好，我要是半途而废了，多耽误人家。"

智呼声的妻子原来在内蒙古化工研究所做课题研究，但婚后为了支持智呼声的工作，她毅然放弃自己热爱的事业，承担所有家务。回顾自己的一生，智呼声觉得自己这辈子最应该感激的人就是妻子。1982 年，他和妻子结婚。那时智呼声的父母刚刚恢复正常生活没几年，母亲的精神状态还不是很好，一家人的日子只能说勉勉强强过得下去。夫妻俩婚后住的小平房是妻子单位分配的，智呼声的父母只给他们买了一张双人铁管床，被褥是夫妻俩自己缝的，桌椅板凳是从单位借的办公桌。他俩的结婚仪式当然十分简朴，智呼声在几个同事的陪同下，骑着自行车去岳父岳母家把妻子接回来。他们的婚礼如此低调，以至于连院里同住的邻居都是过了好久才知道这两人结婚了。仪式虽然简陋，但他们的日子却过得红红火火。智呼声觉得疲惫时，总能看到妻子的眼睛里闪烁着期望的光芒。那股光芒有神奇的力量，能让他感到平静与充满力量。女儿的降生为这个小家带来无穷的快乐。从内蒙古

⊙ 1982年，智呼声和妻子的结婚照

农业大学毕业后，智呼声的女儿在银行做了一段时间代办员，又去部队参军两年，退伍后也回到农行工作，至今依然坚守在工作岗位上。可以说，智呼声一家三代都奉献给了金融事业。

智呼声对妻子除了感激，还满怀愧疚。多年来，智呼声忙于工作，妻子替他承担长子的责任，照顾双方父母，并陪护智呼声患肺癌的弟弟。也许有人在背后议论，认为智呼声为了工作做到如此，堪称不顾家，夫妻感情也岌岌可危。然而，事实并非如此。智呼声的妻子当年也是一名知青，她理解智呼声对工作的热爱，甚至可以说，她喜欢的就是智呼声在工作上的那股认真劲儿，正是她一直鼓励和鞭策智呼声在工作岗位上不断坚持。

有一年，妻子患慢性肾炎并引发综合性并发症，前后三次住院治疗历时八个多月。住院期间，双方父母多次找到智呼声，希望他能请假去医院照顾妻子。母亲气得含着眼泪说："家你可以不管，父母你也可以不管，孩子病了有你妻子照顾，现在你妻子病重，你总得照顾她吧！"智呼声既愧疚又为难，最终还是妻子出面帮他一起说服年迈的双亲。于是，白天由智呼声的母亲在医院陪护，智呼声下班后再到医院接替母亲。智呼声看着妻子因生病而略显浮肿的脸，心疼不已，又因为自己工作繁忙无法全天陪护而深感歉疚。他想说句对不起，又觉得一句"对不起"太轻，承载不了妻子这么多年的付出。妻子看着智呼声心事重重的样子，很快就明白他在想什么。正当智呼声还在纠结到底怎样才能弥补妻子的时候，妻子先开了口："我知道你在想什么，两口子本来就是一家人，一家人不必计较这些。更何况，我跟你结婚的时候就知道你爱工作，我当初也是心甘情愿为了让你安心工作而放弃自己的事业。如果你因此有心理负担，或者不能好好工作，那你才是真对不起我。"

智呼声听到妻子的话，像被戳中了心窝子，心里倍感温暖。是啊，妻子一向是这么温柔善良，只要是他工作上的事，妻子一向都是支持的！

无怨无悔的奉献

1999 年 3 月 12 日上午，智呼声在医院陪妻子看病。排队办理住院手续的人群熙熙攘攘，智呼声和妻子也在其中。眼见就要轮到他们，队伍却突然不动了，前面传来一阵嘈杂声。陆陆续续有几个人上前查看情况，智呼声和妻子也跟着一起走过去。收费处的柜台上放着一个花花绿绿的布袋子，一个中年妇人正焦急地在里面翻来翻去。袋子里似乎没有夹层，只有几个方方正正的药盒子，没两下就翻遍了。妇人腾出手抹一把眼泪，又继续翻找。药盒被翻得哐当作响，妇人的低喃混杂在各种声音中，听不清她在说什么。妇人重复着翻找、抹眼泪的动作，偶尔跺几下脚。智呼声听到前面的人说，原来这妇人从农村来，是带孩子到城里看病的，结果把要办住院的 5000 块钱全弄丢了。

看到她，智呼声顿时想起当年插队时那些淳朴的村民。同为父母，他又想起女儿小时候从两三米高的立梯上摔下来磕成脑震荡，当时住院也是需要5000块钱。智呼声和妻子当时的工资都是一个月40多块钱，除了日常开销，只攒下900多块钱。智呼声急得团团转，向父母借钱吧，父母本来就没多少存款，知道了还要跟着着急上火。于是，他只能让妻子先陪孩子在医院输液观察情况，自己回单位想办法。

回到单位后，他一直在琢磨该向谁借钱、该怎么说。部门同志见他魂不守舍的样子，便问他发生什么事。智呼声嘴里说没事，头上的汗却是直往外冒。一个关系好的小伙子私下又来问他，他才悄悄告诉小伙子。小伙子轻轻朝他胸口打了一拳，有些恼他遇到这种事不跟大家说。小伙子迅速把这件事嚷嚷得同事们都知道了，大家这个几十那个几十，给他凑了一堆钱。没几分钟，连行长都来了，问清情况后，让各个部门负责人开会，下午五点就凑齐了钱。智呼声拿着同事们凑起来的钱，也像那妇人一样眼泪直流，感动得不知道说什么好。同事们让他快去医院交钱，于是他便赶紧蹬着自行车跑去医院。

"咱们帮帮她吧。"智呼声附在妻子耳边小声说。妻子疑惑地看着他，他又继续："咱们积蓄不多，但每个月都有收入。我想起女儿脑震荡的时候，你说这事儿落到咱们身上，咱们能怎么办？"

妻子点点头，目光由疑惑转向赞许。智呼声掏出准备给妻子办住院的 5000 多块钱，走到妇人身边，轻声说道："这位大姐，你先别着急，我给你先垫上。"

那妇人好似没有听到智呼声的话，继续不停翻找。智呼声看看妻子，妻子上前抚上妇人的肩膀。

"大姐，我们先帮你垫5000块钱，你别着急。"

妇人终于停下翻找的手，抬头看向智呼声的妻子，又转头看向智呼声，眼泪再次流了下来，脚下一软，当场就要给智呼声夫妻跪下，智呼声和妻子赶紧上前扶住她。排队的人群见状，有人感动，有人则警惕起来，怀疑是智呼声偷了妇人的钱，良心过意不去才垫付住院费。听到这些议论，妇人缩回准备接钱的手，连连摇头。智呼声看到妇人缩在袖口里紧紧抠着袖子的手，气不打一处来，直言让怀疑的人报警，让警察来查。人群逐渐平静下

⊙ 1998年，智呼声与妻子送女儿参军

来，智呼声又解释道："我和我爱人都当过知青，我们在农村待过，知道你们生活不容易，所以想帮帮忙。钱丢了，孩子不能不看病啊。"

大家看智呼声真诚的样子，大都相信他是真心帮忙。见妇人还在犹豫，人群中传来几个声音，鼓励她拿着。妇人接过钱，又要让孩子磕头感谢，智呼声和妻子连忙喊道："使不得！"又是一阵手忙脚乱。夫妻俩把母女二人扶起来，让她们快去办住院手续。

接着，智呼声跑回单位取钱，然后回到医院。刚才怀疑他是小偷的几个人还在这里等着。看到他回来了，他们小声嘀咕几句，向智呼声笑了笑便离开了。智呼声有些哭笑不得，他们大概是想看他是不是还会回来，因为如果他是小偷，必然是一去不复返了。

后来，智呼声去医院照顾妻子时，顺便去病房看望妇人和病重住院的孩子。孩子的身体很虚弱，面色蜡黄，瘦骨嶙峋。只有扑闪扑闪的眼睛亮晶晶的，看起来不像个病人。智呼声看着她可怜，又掏出身上仅有的300多块钱塞给妇人，让她给孩子买点营养品。再后来，孩子的父亲也来了，从老家带来水果和鸡蛋，一再恳求智呼声收下，智呼声当然没有收。最后，在这段善缘里，智呼声只收了夫妻俩送到他单位的感谢信。

虽然智呼声的收入不高，且妻子1997年就下岗了，又常年有病在身，夫妻俩的经济状况并不好，但他还是发自内心地同情那些生活困顿的人。看到急需救助的病人、处于危难之中的灾区群众，智呼声总是尽自己最大的力量去帮助他们。他笑称："咱钱不多，算不上慷慨解囊，就是看见了不帮，心里不好受。共产党员嘛，不图啥，帮助别人是应该的。"南方遭受严重冰雪灾害时，智呼声从工资中挤出300元，连同新棉衣一起捐往灾区。2008年汶川大地震时，智呼声通过本单位和地方红十字会先后捐款7000元。单位同事有困难时，他也伸出援手，积极为爱人患结肠癌和女儿做心脏病手术的同事捐款。除此之外，他还与乌兰察布市化德县的7名贫困失学儿童结成帮扶对子。从1995年至今，智呼声先后为社会捐助达22万多元，就连他自己多次荣获劳动模范的奖金也全部捐献给希望工程。

第八章　顿悟中再启

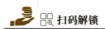扫码解锁

◎群英颂歌 ◎敬业奉献
◎守护财安 ◎奋斗底色

荣耀的曾经

1980年，中华全国总工会发布《劳动模范工作暂行条例（试行）》。1982年，我国正式将"奖励劳动模范和先进工作者"写入宪法。1989年9月28日至10月2日，全国劳动模范和先进工作者表彰大会在北京人民大会堂举行。本次大会将劳模表彰制度化、常规化，将表彰大会定名为"全国劳动模范和先进工作者表彰大会"，受表彰人数约3000人，并规定每五年表彰一次，逢"五"逢"十"的年份举行，表彰对象包括各行各业、各条战线上的劳动模范和先进工作者，只且表彰个人，不表彰集体。

智呼声于1995年、2000年、2005年，以及2010年连续四次获评"全国劳动模范"。2015年，已经退休的智呼声作为特邀代表，随内蒙古劳模团到北京参加表彰大会。智呼声兢兢业业工作了一辈子，获得的荣誉不计其数，仅"全国劳动模范"称号就获得四次。他认真工作的初衷并不是为了获得荣誉，自然也不会因为得不到荣誉就不努力工作。这些荣誉是党和国家对他工作成绩的认可。对工作和荣誉，智呼声保持自己学生时代对待学习的那份热爱和单纯。他喜欢学习，就算在没有升学渠道的年代，也不曾放弃学习。

他从来不以成绩为目的和导向学习，但要是能取得好成绩，那便是十分值得庆幸和珍惜的。

在这众多的荣誉和获奖经历里，智呼声最难以忘怀的就是第一次随内蒙古劳模团进京接受表彰的时候。那年，4月的天气已经回暖，火车穿行在山川之间。智呼声躺在卧铺上翻来覆去，车厢里的各种味道相互缠绕着钻进他鼻子里，身下的床单散发着潮气。智呼声翻了个身，干脆坐了起来。坐了一会儿，他还是觉得车厢里格外闷热，索性不睡了。智呼声快步走到车厢连接处，连抽两根烟，心情才逐渐平静了下来。车窗外一片漆黑，只有零星的灯光，像黑夜里的星星。智呼声带着这份激动熬了一宿，火车终于在天蒙蒙亮的时候驶入北京。下车的时候，太阳刚升起来，给北京镀上了一层金色的光芒，智呼声的心又开始怦怦直跳。身处北京这片神圣的土地上，智呼声忍不住走神，回想起自己这些年的付出、收获和失去。仿佛在首都，在这样一段旅程里回顾自己的前半生格外应景。到达目的地的时候，智呼声几乎在脑子里写完了一部自传。

表彰大会当天，智呼声感觉自己的心口仿佛盖着一块薄薄的鼓皮，他的心脏随时可能要冲破鼓皮、追寻自由。他见到了朋友，见到了崇拜已久的老劳模，还见到了国家领导人。合影拍照的时候，智呼声站在第三排。领导人从前面开始逐一和劳模们握手。智呼声紧张得将手握紧又展开，手心黏糊糊的，他悄悄在裤子上蹭了蹭，但一握起来手心又黏了，于是他干脆攥住裤腿不再松开。看着领导人越来越近，他攥得也越来越紧。终于轮到他了，智呼声赶忙露出雀跃的笑容，伸出稍带潮气的手。领导人紧紧地握住他的手，问智呼声脸上的是伤疤还是胎记。智呼声脑子一时懵住，没反应过来，看着领导人的脸离自己越来越近，有种做梦一样的感觉。幸好后排的内蒙古劳模悄悄戳了他一下，他才猛然回过神来，憨笑着回答："这是胎记，从小就有。"

回程的路上，智呼声还在仔细回忆表彰大会的每一个细节。夜幕降临，他做了一个梦，梦里晨光熹微，街上偶尔有几辆车飞驰而过，扫把"沙沙"地划过地面。远处传来几声自行车铃声，智呼声骑在车上哼着轻快的小曲。骑着骑着，天突然黑了，他骑到一个农村小院子里，那正是他当年插队时住过的院子。他停下车，坐在院子里，仰望夜空，只见一片漆黑，没有月亮的踪迹。他闭上眼睛，再缓缓睁开，迎接他的是满天闪烁的繁星。

退休以后，智呼声依然荣誉不断。2019 年 4 月 28 至 29 日，最高人民检察院举行以"'我将无我'奋斗，不负人民重托——共和国建设者走进检察机关"为主题的第 27 次检察开放日活动。智呼声受邀与不同时期、不同行业、不同地域的全国劳动模范、全国人大代表和普通劳动者一起参加这次活动。同年 10 月 1 日，智呼声又作为劳模界代表参加庆祝中华人民共和国成立 70 周年大会观礼活动，并现场聆听习近平总书记的重要讲话。2021 年 8 月 27 日上午，内蒙古自治区党委宣传部在呼和浩特举行发布会，授予智呼声"北疆楷模"荣誉称号。至今，智呼声依然清楚地记得主持人所念的颁奖词。

"先别军营，选择厮守金山。你是财富的守护神，经年累月，纤尘不染。你是银仓的大管家，锱铢必较，毫厘不少。超负荷奔波付出，换来国之重地长期安澜。金钱就是生命，你眼里只有忠心赤胆。自古忠孝就难两全，你始终背负歉疚的天平。古道热肠，真诚倾囊，高尚的灵魂时时闪耀人性的高光。在你人生的记录簿上，写满友情、关爱、坚守、梦想，却唯独没有自己的字样。"

长期的超负荷工作给智呼声的身体带来多种疾病，甚至导致他患上淋巴癌和膀胱癌。2019年9月23日，内蒙古自治区总工会领导到智呼声家进行慰问，除了带来慰问品、慰问金和慰问信外，还为智呼声颁发"庆祝中华人民共和国成立70周年"纪念章。在与领导的交谈中，智呼声听到领导赞扬他为自治区经济社会发展做出不可磨灭的贡献，自豪又带着点害羞。2021年12月15日，"致敬金融劳模"慰问仪式在中国金融工会举行。中国职工发展基金会向金融系统中五位患大病的退休全国级劳模发放慰问金。当智呼声接过慰问金时，泪水在眼眶里打转。他并不是在意奖金的人，这些年他的奖金能捐的都捐出去了，他在意的是"娘家人"看到他的付出，并真心实意地关心着他。

⊙ 2019年，智呼声参加庆祝中华人民共和国成立70周年大会活动

前进的步伐

　　智呼声一直觉得自己是个热爱学习、乐于接受新事物的人。诚然，他在同龄人里算是相当跟得上时代步伐的，但有时候也难免感觉自己紧追猛赶的步伐稍显力不从心。智呼声有坚定的信仰，这信仰足以支撑他在物质生活极为匮乏的时候，能凭借意志力摸爬滚打。同时，他坚信努力就会有收获。智呼声喜欢年轻人，喜欢了解他们的想法。然而，他发现，现在不少年轻人，对"付出就有回报"这句话持怀疑态度，他们站在人生的十字路口，警惕地看着眼前的一切。智呼声也年轻过，他完全能理解年轻人为什么会有这样的想法。作为一名长者，他希望自己能做点儿什么，给年轻人的心里注入一点儿活力、希望和信心。但自己能做什么呢？

　　"模范模范，不如就做个好榜样吧！把劳模精神传承下去，为社会奉献更多正能量和自己全部的光与热。今天获得劳动模范称号，不代表会一直顶着这个光环。即使离开工作岗位，也要继续在别处传承劳模精神，才算不愧对党和国家给予的荣誉。"

　　智呼声有一个公益环保梦。所谓"前人栽树，后人乘凉"，他觉得环保是一项功在当代、利在千秋的事业。地处祖国北疆的

⊙ 2009年，智呼声参加"时代领跑者——新中国成立以来最具影响的劳动模范颁奖盛典"

内蒙古自治区以温带大陆性气候为主，总体气候较为干旱，加之地形坡度大，地面物质不稳定，土质疏松，易被流水侵蚀。在多年的农垦和放牧影响下，内蒙古自治区面临严重的荒漠化问题，其荒漠化和沙化土地面积分别占全区国土面积的 1/2 和 1/3 以上。于是，为贯彻落实习近平总书记在全国劳动模范和先进工作者表彰大会上的重要讲话精神，保护内蒙古的生态环境，智呼声和其他 38 名全国劳模联合发起创建"劳模林地"，打造"劳模精神"品牌公益活动。2021 年 5 月，一行人齐聚呼和浩特市赛罕区黄合少镇西五十家村，响应国家号召，力图通过植树造林、绿化青山，造福子孙后代。智呼声和妻子一起种下一棵松树，面对镜头，智呼声笑得憨厚可爱。他一笔一画地在认养牌上写下自己和妻子的名字，然后郑重其事地将认养牌套在小树苗上。白云从头顶飘过，智呼声看着眼前黄色的土地上逐渐显现出绿色的斑点，就像小时候看着自己打扫完的教室一样，他感到满足而自豪，仿佛已经看到这里绿草如茵、树木成荫的样子。

"劳模林"位于西五十家村西北侧，目前占地面积为 2689 亩，主要分为防护林、观赏林和经济林三大区域。其种植周期为五年。2021 年，防护林的种植面积超过 200 亩，参与种植的人数超 500 人，涵盖自治区、市、区三级单位，以及各界社会团体，种植成活率达 85%。2022 年，先后有市总工会劳模代表、自治区、呼和浩特市、赛罕区三级政协委员来此植树，并挂牌"政协委员义务植树基地"。省、区两级新联会组织会员单位共 200 余人也来参与植树活动，并挂牌"蒙新聚力同心林"。此外还有 16 家其他社会组织团体参与植树活动。建成后的"劳模林"集教育、观赏、休闲等多功能于一体，不仅是绿色生态景观基地，还是展示劳模风采、弘扬劳模精神的爱国主义教育基地。

未来，"劳模林"将秉承生态优先绿色发展的理念，致力于宣传生态文明建设的相关法律法规政策，宣传与群众生产生活密切相关的环境保护知识，把环境保护和生态安全的压力和动力传递给每一个群众，最广泛、最充分地凝聚广大职工和群众保护好内蒙古生态环境的思想共识。在筑牢我国北方重要生态安全屏障的同时，大力弘扬劳动精神、劳模精神、工匠精神，助力乡村振兴，共建美好家园。

除了参加"劳模公益林""爱心公益之家"等活动，为年轻人树立榜样外，为了便于直接跟年轻人沟通，与年轻人进行思想交流，智呼声还接受许多学校的聘任。多年来，他被呼和浩特市第七中学聘为名誉校长和家校社共育中心育人导师，被内蒙古机电职业技术学院聘为劳模工作室特邀专家，被山东东营职业学院聘为特聘教授……同时，他还多次受邀到全国各地进行"劳模精神进校园"宣讲。智呼声给学生们讲述自己的工作经历，看着学生们或期待或茫然的眼神，他觉得自己也仿佛年轻了几十岁。他喜欢听年轻人讲他们的雄心壮志，也乐意倾听他们的迷茫不安。他会鼓励或开解迷茫中的年轻人，只要能把自己心中所想讲给孩子们听，他就觉得踏实。因为他坚信，不论时代如何变迁，永不褪色的劳模精神必将一代又一代地传承下去。

⊙ 2021年，智呼声与妻子在劳模林植树

全新的人生

　　退休后的智呼声闲不下来，忙着穿梭于各种公益活动之间。有人开玩笑说他这是"退休综合征"，没事干就浑身难受。但智呼声一笑了之，没太在意。智呼声原本也没想过退休和不退休的区别，直到疾病的出现给他的生活强行按下暂停键，让他不得不停下脚步，去想一想这一路是怎么走过来的，以后又该走到哪儿去。

　　常年的超负荷工作严重地损害智呼声的身体健康，除胃病和肾病外，他还先后患上淋巴癌和膀胱癌。癌症的到来，让智呼声真真切切地感受到死亡离自己并不遥远。无论生命以何种轨迹运行，最终都要走向那个不可避免的终点。他开始在沮丧中回顾自己的一生，思考生命的意义。几十年间的得失、辛酸、乐趣一股脑涌现，智呼声觉得心里烦乱极了。妻子和女儿看到他情绪低落，不知道怎么劝慰，只能默默地陪伴他。智呼声能感觉到，自己的情绪成了家庭气氛的晴雨表。从前为了工作，他已经对家人多有歉疚，如今退休了，他怎么能再让家人为自己劳心劳力呢？智呼声很配合地做完手术，总工会还特地来家里慰问他，让他看到了希望。智呼声还是没想明白人活一辈子的意义是什么，这样的哲学问题离他的生活太远。好在"想明白"和"想通"不是一回事，他只要知道自己这一辈子没白活就行了。在此后的生命里，他要好好陪伴为自己付出大半辈子的妻子，要继续发光发热，才对得起组织对自己的认可和挂念。

身体恢复健康的智呼声又忙碌起来，忙着参加各种公益活动，忙着好好生活。他看到镜子里自己因为疾病折磨而消瘦的身体，曾经紧实的肌肉已不复存在，皮肤松垮无力地披在肉上。他意识到，不论是发光发热还是陪伴家人，前提都是要有个好身体。于是，他开始坚持锻炼，逐渐增加运动量。慢慢地，他做俯卧撑时不再青筋暴起，举哑铃也不再咬牙切齿。他感觉自己的肌肉越来越硬实，身体越来越轻盈，走路也越来越有力。去北京开会的时候，他跟农行总行的一位领导，像两个孩子一样握手较劲。领导惊讶于他这么大年纪且生过大病，手劲儿居然还这么大。他颇为得意地炫耀自己每天早晚锻炼两次，一共要做 400 个俯卧撑，举一对 15 公斤的哑铃 600 次，还要按压臂力器 700 次。

年少的时候，智呼声学到"采菊东篱下，悠然见南山"，却想象不出这样的日子有什么快活之处。年轻的时候，工作忙乱、心烦意乱时，智呼声隐隐约约觉得这样的生活或许还不错，但也只能想象，随后就要收拾心情继续工作。如今老了，他终于有机会亲身体验一番。智呼声家住一楼，有一个还算宽敞的小阳台。他盯着阳台转悠了好几天，阳台上摆着妻子养的几盆花，还放着几件杂物。平时这阳台也没什么用途，朝向倒是很好，光照充足又不热。智呼声美滋滋地跟妻子商量，说这就是他们的"田园"！妻子被他认真的样子逗笑，欣然同意。夫妻俩各自挑选喜欢的花花草草种在阳台，曾经在杂物中探头的几盆花也融入这座温馨的小花园，老两口最喜欢阳光洒进花园的时候坐在这里，有时候聊聊天，有时候什么也不说，静静坐着就很温馨。浪漫了一段时间后，智呼声虽然喜欢这小花园，却觉得哪里不太对劲。于是，他又在花园里种上了西红柿、辣椒、芫荽等蔬菜。看着娇嫩的辣椒苗，智呼声满意地点点头，这下完美了。

原来这就是"采菊东篱下"的乐趣。智呼声爱上了这样的生活，每天早上起来，他习惯性地先去小花园看看。老两口种的都是好养活的花卉蔬菜，不需要费太大工夫打理，但智呼声就是爱在这儿待着，哪怕只是看看、剪剪花枝。他还喜欢上做饭，他说自己这叫喜欢"研究厨艺"。确实，他连做饭都延续工作时一丝不苟、刻苦钻研的精神。一到周末，他就主动承担家里的做饭任务。星期五晚上他问妻子想吃什么，妻子总是说"随便"。他最讨厌这个回答，菜谱里哪有"随便"这道菜？！他做什么菜都要提前决定，做足功课，食材或是骑着自行车去菜市场现买新鲜的，或直接从自家的小花园里摘。如此复杂的准备工作，岂能便宜了"随便"，他缠着妻子一定要说出个具体的菜名。妻子哭笑不得，又不得不承认，有这份精益求精的精神在，他的厨艺确实日益精进。

"田园"生活固然有趣，但智呼声不满足于此，他对世界的好奇并没有随着年纪的逐渐增长而减弱，他什么都想看，什么都想学。几年前，在朋友的鼓励下，智呼声买了一台单反相机，正式加入摄影队伍。内蒙古辽阔的草原是滋养这个爱好的最佳温床。只要一有时间，智呼声就约上三五好友一起外出采风。他一向对自己要求很高，爱好也不例外，加之内蒙古草原的美丽在他心中像对故乡的爱一样深沉，因此无论怎么拍，他都觉得不满意，觉得没还原出大草原的神韵。他无奈道："技术一般，还要多加练习。"

如今，智呼声觉得自己切切实实地活明白了——他有为之奋斗的公益事业，怀揣着把劳模精神传递下去的梦想，还有幸福温馨的家庭。妻子守着这个家几十年，老两口真正诠释了"军功章有我的一半，也有你一半"的深刻含义。在"劳模林"植树的时候，

⊙ 2021年，智呼声参加庆祝中国共产党成立100周年大会活动

智呼声和妻子在认养牌上一笔一画写下自己的名字，共同握住一棵松树苗，对着镜头露出幸福的笑容。女儿早已走上工作岗位，有时也会愁眉不展，智呼声明白一代人有一代人的心事，但他还是想从自己的经验出发，给女儿分析分析。女儿问他："人这辈子有这么多烦心事，工作还这么辛苦，您是怎么坚持下来的呢？"这个问题着实复杂，智呼声一时语塞。

沿着回忆的河流回溯，智呼声也想知道，自己是如何一步步走到今天这般让自己如此满意的境况的。思索再三，智呼声告诉女儿，人的一生中烦心事数不胜数，对大多数人来说，工作的辛苦也是无法避免的。"我不能告诉你怎么消除烦心事和辛苦，因为我也做不到。但我能讲讲我的经验：既然决定去做，那就少想多做，答案就在日复一日的'做'里，就像《士兵突击》里的那句话：'光荣在于平淡，艰巨在于漫长。'"